NAGISA TATSUMI

EL ARTE DE TIRAR

*Cómo liberarse de las cosas
sin sentimiento de culpa*

Duomo ediciones
Barcelona, 2016

Título original: *Shinsou Zouhoban «Suteru!» Gijutsu*

© 2005, Nagisa Tatsumi
Edición japonesa publicada por Takarajimasha, Inc.
Edición española publicada gracias al acuerdo con Takarajimasha, Inc.
a través de Japan UNI Agency, Inc., Tokio
© 2016, de la traducción: Yasuko Tojo
© 2016, de esta edición: Antonio Vallardi Editore S.u.r.l., Milán

Todos los derechos reservados

Primera edición: mayo de 2016
Segunda edición: marzo de 2019

Duomo ediciones es un sello de Antonio Vallardi Editore S.u.r.l.
Av. del Príncep d'Astúries, 20, 3º B. Barcelona, 08012 (España)
www.duomoediciones.com

Gruppo Editoriale Mauri Spagnol S.p.A.
www.maurispagnol.it

ISBN: 978-84-16634-15-6
Código IBIC: DN
DL B 30140-2015

Composición:
Grafime

Impresión:
Grafica Veneta S.p.A. di Trebaseleghe (PD)

Impreso en Italia

ÍNDICE

SEGUNDA PARTE
ASÍ PUES... ¿TIRAMOS?
Las diez técnicas que adoptar

Prólogo
Cómo evitar que se acumulen los objetos

Vivimos rodeados de objetos

Actualmente tenemos una necesidad imperiosa de tirar. Vivimos rodeados de objetos y, por más que los tiremos, no dejan de aumentar. En el trabajo se amontonan los documentos y, en casa, no tenemos lugar para almacenar cosas. Vivimos en espacios pequeños que al acumular objetos se reducen aún más. Somos conscientes de que hay que hacer algo. Estoy convencida de que somos muchos los que sentimos la liberadora tentación de tirarlo absolutamente todo.

Fue en los años noventa, cuando empezó a introducirse en Japón la tendencia ecologista, basada en el respeto al medioambiente, el reciclaje y la voluntad de reducir la producción de residuos. Aún hoy, además, seguimos notando los efectos de la última crisis económica: desde la reestructuración de las empresas, cuyas principales víctimas han sido los trabajadores, hasta la quiebra y cierre de supermercados y grandes almacenes; también por la reducción del gasto de las familias. Ya no podemos permitirnos comprar cosas innecesarias.

Sin embargo, continuamos rodeados de objetos. ¿Cuál es la causa? ¿Por qué no disminuyen?

Pensémoslo detenidamente. Si sabemos que al tirar nos sentimos liberados, ¿por qué continuamos acumulando objetos? ¿Por qué cuando tiramos algo nos remuerde la conciencia?

«No querer tirar» y «seguir comprando» son las dos caras de una misma moneda

Antiguamente los objetos eran muy preciados. Hasta no hace mucho, antes del actual estilo de vida caracterizado por la producción en serie y el consumismo masivo, los objetos eran tratados con el mayor cuidado mientras resultaran utilizables. Cuando su función original ya no era posible, se reutilizaban para otros fines hasta que, una vez utilizados, se tiraban. Lo mismo ocurría con la comida, pues nos habían educado para comer sin dejar ni un solo grano de arroz en el plato. Los objetos se tiraban únicamente al terminar su vida útil, momento en el cual se adquirían otros. Por eso, evitar el desperdicio se consideraba una virtud. Pero las cosas han cambiado.

Con el crecimiento de la economía, aparecieron nuevos aparatos electrónicos que se vendían por el mero hecho de ser «nuevos». Y puesto que «nuevo» era sinónimo de bueno, lo «viejo» se iba abandonando sin remordimientos. Fuimos llenando nuestras vidas con estos novedosos productos porque eran prácticos y tecnológicamente innovadores y, además, estaban de moda. A finales de los años 80, durante la época de la burbuja económica, los grandes almacenes Seibu acuñaron el eslogan «lo quiero porque quiero». Y por mucho que ya poseyéramos todos los objetos necesarios, lo que queríamos era comprar.

De esta manera, nos hemos ido acostumbrando al consumo y no hemos sido capaces de resistirnos, cautivados por la fascinación que ejercen los bienes materiales. Se puede afirmar que nuestra modalidad de consumo no se ajusta al banal «lo quiero porque lo necesito», sino más bien al «quiero una cosa por el mero placer de comprarla». En consecuencia, los objetos aumentan mucho más rápido de lo que se consumen. Y el resultado es que nuestra vida se ha llenado de cosas.

En cierto modo, el paso de la época en que los objetos eran preciados a otra en que nos invaden, ha sido demasiado repentino. Nos encontramos ante un conflicto: por un lado seguimos aferrados a la vieja escuela de pensamiento según la cual no se podía tirar nada y, por el otro, a la nueva tendencia de acumular objetos.

Sí a tirar

Tenemos que solucionar este dilema de algún modo. Tal y como están las cosas, da igual el tiempo que pase: no conseguiremos liberarnos fácilmente del hechizo de los objetos.

¿Es posible que la manera de liberarse del hechizo sea cuidar de los objetos y dejar de comprar cosas innecesarias, como dicen los ecologistas y los partidarios de llevar una vida más austera? Yo no lo creo así. Dejar de comprar para evitar que aumenten las pertenencias me parece demasiado triste. Evidentemente si dejamos de adquirir objetos, tarde o temprano disminuirán y nos sentiremos aliviados. Pero dudo que un estilo de vida así resulte divertido, a menos que estemos hablando de una persona muy estoica. O eso pienso yo, al menos.

Tener aquellas cosas que deseamos es divertido, llevar ropa nueva nos hace sentir bien. Aunque tengamos la televisión o el periódico a mano, queremos leer revistas. No sé qué puede tener de bueno no comprar estos utensilios de cocina que tengo ante mis ojos y que tanto deseo. Quizá la economía familiar lo agradezca, pero mi vida será más aburrida.

¿No habrá un modo que me permita vivir a mi manera, de forma divertida y sin reparos, sin tener que preocuparme por no desperdiciar o acumular cosas?

La respuesta que propongo en este libro consiste en aprender a tirar. Para mejorar esta situación en la que vivimos, rodeados de objetos, lo primero que tenéis que hacer es empezar a tirar. No os dejéis llevar por la idea de que tirar es «un desperdicio», pues el hecho de tirar os ayudará a analizar el valor de las cosas. Al plantearos por qué poseéis un objeto, os daréis cuenta de que además de porque «no hay que desperdiciar», existen otros motivos que os atan a ellos. Al decidir qué objetos debéis tirar, os daréis cuenta de cuáles debéis conservar. Y así, precisamente, es como conseguiréis controlar los objetos que llenan vuestra vida.

Aprender a tirar mejora la vida

Para empezar a tirar debéis replantearos el modo en que hasta ahora habéis poseído los objetos. Por ese motivo, en la primera parte presento, a lo largo de diez capítulos, los diez estados de ánimo necesarios para empezar a tirar.

Con esto no estoy diciendo que debáis cambiar la que ha sido hasta ahora vuestra manera de pensar. Tan sólo que si tenéis algún prejuicio o alguna preocupación que os impide tirar, es posible cambiar la mentalidad. Si cambiáis un poco vuestro modo de pensar, tal vez dejéis de ser esclavos de los objetos. Tan sólo debéis incorporar a vuestra vida cotidiana la disposición de ánimo que consideréis conveniente.

En la segunda parte, y a lo largo de otros diez capítulos, nos centraremos en las técnicas que se emplean para tirar. Al igual que en la primera parte, esas diez técnicas no son más que consejos que podéis adaptar, según vuestras exigencias. Si incorporáis al menos una técnica a vuestra rutina, empezaréis a notar una considerable mejoría.

En la tercera parte he reunido información que facilita la tarea de tirar. Espero que os sea de utilidad.

Sin entrar en detalles sobre los veinte aspectos que aquí se tratan, lo cierto es que el «arte de tirar» es de lo más sencillo. Se trata tan sólo de tomar conciencia de lo que hasta ahora habéis hecho de forma inconsciente y de aprender a poseer las cosas como parte de la vida. En eso consiste básicamente este libro.

«Qué desperdicio...»

Los objetos cobran vida cuando los usamos. Si nos limitamos a conservarlos para «no desperdiciar», estaremos dejando que agonicen. Conservad lo que usáis, tirad lo que ya no tiene utilidad. Rompiendo la inmovilidad conseguiréis ver el verdadero valor de las cosas.

La relación entre los objetos y el respeto al medioambiente

Entre la primera edición de este libro (año 2000) y la actual edición (año 2005), se ha producido un cambio decisivo. Me refiero a que la conciencia medioambiental ha dejado de ser mera «conciencia» y se ha convertido en un modelo de «estructura social».

Se han implementado los sistemas de reciclaje, se ha consolidado la venta de objetos de segunda mano, ya sea real o virtual, y han aumentado los productos medioambientales económicos y de buena calidad, como los coches híbridos que emplean nuevas tecnologías y los productos restaurados. Aunque no todos tengamos conciencia medioambiental, podemos llevar una vida que sea respetuosa con el medioambiente.

A pesar de ello, ¿se ha reducido la cantidad de basura durante este período? ¿Hemos dejado de acumular objetos en nuestros hogares?

En mi opinión, no. Seguimos produciendo la misma basura, en las tiendas de segunda mano se amontonan los objetos y no dejan de aumentar los programas de televisión, así como los artículos de revistas, que dan consejos sobre cómo poner orden en nuestra vida.

Si de verdad tuviéramos conciencia medioambiental, a nivel personal y social, deberíamos haber notado ligeros cambios en nuestra vida: los objetos no deberían aumentar y nuestros hogares deberían estar más despejados. Pero si no es así, no se debe a que no seamos lo suficientemente conscientes sino a que la relación que mantenemos con los objetos, aunque lo parezca, no tiene nada que ver con la conciencia medioambiental.

La conciencia medioambiental no resuelve nuestros problemas

Huelga decir que los problemas medioambientales conciernen a mecanismos globales que atañen a Japón y a todo el mundo. Hablar del aumento de la entropía o comparar los agravios medioambientales se aleja demasiado de nuestra vida cotidiana. Es difícil que la mirada global de un dios y la mirada limitada de una hormiga coexistan en nuestra vida cotidiana. Poco podemos hacer en nuestro día a día para solucionar el agotamiento de los combustibles fósiles o el aumento del agujero de la capa de ozono, si ni siquiera los científicos que investigan esas cuestiones lo saben.

La conciencia medioambiental que podemos aplicar a nuestra vida cotidiana consiste en cosas que están a nuestro alcance, como por ejemplo no tirar basura a la calle ni al campo, no tirar leche por el desagüe, cuidar las cosas que aún se pueden usar, no dejar la luz encendida, no consumir bolsas de plástico, comprar productos ecológicos...

No es mi intención abordar los problemas medioambientales. No hay duda de que de ahora en adelante debemos construir la sociedad teniendo en cuenta la ética ambiental. Como individuos, es preferible que demostremos interés y conozcamos los problemas medioambientales, en lugar de mantenernos al margen e ignorarlos.

No es éste el asunto que quiero debatir. Tan sólo quiero decir que como individuos no podemos abarcar los problemas medioambientales. Y por más conscientes que seamos en nuestra vida cotidiana, no lograremos solucionar el problema de la basura ni tampoco la sobreabundancia de nuestra sociedad y de nuestros hogares.

Cambiar la relación con los objetos

La conciencia medioambiental es efectiva como norma de vida. Pero si lo que queremos es solucionar la sobreabundancia de objetos en nuestra vida cotidiana, debemos cambiar «la relación que establecemos con los objetos» que tenemos delante.

Hasta ahora nuestra relación con los objetos consistía en incorporar cada vez más objetos a nuestra vida y acumularlos para «no desperdiciar». La sobreabundancia se debe a que pensamos que es mejor tener muchas cosas.

Pero... ¿y si en lugar de eso nos planteásemos si realmente necesitamos o vamos a usar un objeto en concreto? Caeremos en la cuenta de que es mejor desprenderse de lo que no se quiere y en eso consiste, precisamente, el «arte de tirar». Si somos conscientes de que no necesitamos poseer lo que no queremos, sabremos valorar lo que tenemos.

No es necesario pensar de buenas a primeras que debéis conformarnos con pocas cosas, o que si cuidáis los objetos seréis respetuosos con el medioambiente. Debéis seleccionar uno a uno los objetos que os rodean y plantearos si son necesarios o no, si podríais tirarlos. Debéis hacer, pues, una selección de lo que queréis conservar y de lo que queréis tirar. Poco a poco los objetos que se amontonaban a vuestro alrededor irán disminuyendo hasta la medida justa y viviréis en armonía con el medioambiente.

Cuando «no desperdiciar» es un obstáculo

Creo que el término japonés que equivale a «no desperdiciar» (*mottainai*) conlleva cierto riesgo.

Mottainai significa literalmente «perder un objeto», lo cual no es bueno, es doloroso. Me parece entrañable que los japoneses utilicen sinceramente esta palabra a diario. Nace de la idea de que todos los objetos tienen alma, sentimiento que ha dado lugar a una palabra única. Yo también enseño a mis hijos que no hay que dejar comida en el plato para «no desperdiciar».

Pero a veces, este concepto actúa como obstáculo ante la pregunta «¿Realmente necesito esto?». El hecho de conservarlo y de no tirarlo nos hace caer en la ilusión de que, de este modo, no estamos desperdiciando.

Creo que utilizar un objeto es el mejor modo de cuidarlo. Si con el pretexto de «no desperdiciar» dejamos que un objeto acumule polvo, no lo estamos cuidando.

Para «no desperdiciar» dejamos los obsequios en el fondo del armario. Para «no desperdiciar» dejamos que la comida se vaya pudriendo en la nevera. Para «no desperdiciar» acumulamos cada Año Nuevo montones de *fukubukuro* de los grandes almacenes. Para «no desperdiciar», nos ponemos a vender objetos de segunda mano que acabarán en la basura porque nadie los compra.

Espero que el «no desperdiciar» no se convierta en un concepto universal si pensamos que al no tirar las cosas estamos cuidando de ellas.

Pero precisamente porque no queréis desperdiciar, debéis pensar si esas cosas son o no realmente necesarias. Si son necesarias, usadlas. Si son viejas, pensad en el modo de sacar provecho hasta el final y, por último, tiradlas. Ésta es la manera de «no desperdiciar».

En primer lugar, dejad de guardar cosas con el pretexto de «no desperdiciar». Debéis examinar atentamente cada objeto y preguntaros si vais a usarlo o si podéis tirarlo. Y, de este modo, estableceréis una relación favorable con los objetos en la que «no desperdiciaréis».

El reciclaje comienza por un modo consciente de tirar

Se dice que la sociedad del período Edo era una sociedad de reciclaje. Se cree que antiguamente los objetos eran tratados con cariño y eran reutilizados hasta el final. Posiblemente, el concepto de «desperdicio» conlleve esta imagen del pasado.

Evidentemente, no sé cómo vivían las gentes de la antigüedad, pero creo que sería más acertado decir, en lugar de «reciclar bien», «tirar bien», pues lo hacían en virtud de sus necesidades cotidianas.

Si las letrinas se llenaban de excrementos, los campesinos las vaciaban. Si se acumulaban papeles viejos y harapos, se llamaba al trapero para que los comprara. Si había por allí un tonel viejo sin dueño, se vendía para que dejara de estorbar.

El hecho de que no pasara el camión de la basura, como en la actualidad, debió de ser un factor determinante. Si las cosas se dejaban en el punto de recogida más cercano, no desaparecían de la vista, por lo que había que actuar de forma más dinámica para resolver el problema de «apartar algo de la vista», es decir, tirarlo.

Lógicamente, queremos liberarnos de lo que no nos sirve. Y si tiramos algo, es mejor encontrar la forma de hacerlo bien y de la manera más sencilla posible. Si, además, se puede hacer con lo que ya no sirve, mejor que mejor. Sin duda, fueron los conocimientos propios de este estilo de vida los que contribuyeron espontáneamente a la creación de los mecanismos de reciclaje.

Vivir según nuestro estilo de vida

¿Es cierta la imagen de que antiguamente los japoneses trataban un objeto con sumo cuidado durante toda la vida? Por ejemplo, hay quien asegura que en Japón existe el «fantasma del desperdicio». Pero, de hecho, el «fantasma del desperdicio» apareció en un anuncio televisivo lanzado por el Consejo de Publicidad de Japón (AC, siglas en inglés de Advertising Council) en el año 1982. Aunque la historia se cuenta como si fuera una fábula, no se trata de ningún espíritu perteneciente a la mitología japonesa. Por otro lado, en la mitología japonesa existe un espíritu llamado Tsukumogami. Es un espíritu travieso que habita en los objetos viejos olvidados. Vendría a ser el «fantasma del no me abandones».

Yo también tengo la sensación de que las personas, en otros tiempos, sentían más remordimientos que hoy en día a la hora de tirar objetos. Precisamente porque creían que los objetos albergaban un espíritu, no desperdiciaban nada dejándolo sin utilizar. Es más, cuando quedaba inservible se tiraba de manera ceremoniosa, como en el caso del ritual del Harikuyo, el tributo a las agujas rotas.

Por eso mantengo mis convicciones. «Tirar regularmente» es el primer y definitivo paso. Actualmente, tendemos a creer que podemos solucionarlo todo haciendo las cosas a nuestra manera, pero no debemos olvidar que las soluciones deben ser realistas, tal y como ocurría antiguamente.

Por encima de todo, uno debe vivir según su propio estilo de vida y esforzarse por llevar una vida llena de alegría y serenidad.

No pasa nada si compramos un electrodoméstico de bajo consumo no porque sea más ecológico, sino por la sencilla razón de que ahorraremos en la factura de la luz. Tampoco pasa nada si a la hora de ir a comprar nos llevamos una bolsa reutilizable porque no queremos que se nos llene la casa de engorrosas bolsas de plástico. Porque, de un modo u otro, se establece una relación entre esas decisiones y una sensiblidad creciente hacia la protección del entorno.

Introducción
¿Qué objetos nos cuesta más tirar y por qué?

¿Por qué nos cuesta tirar?

¿Qué me llevó a escribir sobre la necesidad de tirar? El motivo fue algo que ocurrió a finales de año.

De vez en cuando me reúno con compañeros del mundo editorial para intercambiar información. En una de esas reuniones, lo que empezó como un comentario trivial se transformó en una animada conversación. El comentario en cuestión era el siguiente: «Se acerca la limpieza general de fin de año y no sé qué hacer con todos los libros y revistas que he ido acumulando por el trabajo. Los guardo como documentación, pero tengo las estanterías a rebosar».

Uno tras otro, coincidimos en que era un problema y fuimos añadiendo comentarios del tipo «yo tampoco sé qué hacer» o «no tengo ni idea de cómo ordenar todos los documentos que he ido acumulando». Se propusieron soluciones como guardarlos en cajas de cartón, recortar los artículos propios y guardarlos en archivadores, o incluso alquilar un almacén. Medio en broma, fuimos comentando nuestras penas pero lo cierto era que nadie sabía qué hacer con este problema. Todos habíamos caído en la misma trampa: ¿por qué no se pueden tirar las cosas?

Todas las soluciones propuestas consistían en métodos de almacenaje. A alguien incluso se le había ocurrido la idea de archivar aquellos documentos reduciendo la cantidad, pero... ¿por qué nadie propuso tirar aquellas cosas, si de verdad creaban tantos problemas?

Sobreabundancia de objetos

A raíz de esta conversación empecé a pensar que tal vez no era un problema que nos afectaba exclusivamente a mis compañeros y a mí, ni a este trabajo, sino que se trataba de un fenómeno que afectaba a toda la sociedad japonesa. Japón continúa desarrollándose económicamente y nos hemos acostumbrado a la producción en serie y al consumismo masivo. Nos hemos acostumbrado a comprar y a acumular. Todos somos expertos en el arte de comprar y acumular. Como consumidores, nos hemos vuelto más exigentes y sabemos exactamente lo que queremos.

Y eso ha dado lugar a un exceso tal de bienes materiales, que tenemos continuamente la sensación de que algo no encaja.

Pondré el ejemplo de la comida. Debido a su constitución física, el ser humano, por norma, tiene hambre. Los animales siempre están buscando alimento. Los herbívoros se pasan el día comiendo hierbas de bajo poder nutritivo mientras que los carnívoros deben perseguir a sus presas. Una vez logran cazar una presa, comen hasta la saciedad y descansan hasta que vuelven a tener hambre.

El hambre forma parte de la naturaleza. Por eso, el cuerpo de los animales dispone de mecanismos para enfrentarse a él, como el sonido de las tripas o un dolor en el vientre.

Sin embargo, sólo la especie humana tiene tendencia a comer más de lo que necesita. A pesar de estar rodeados de alimento, debemos controlar las comidas y los nutrientes que ingerimos, pues si bien nuestro cuerpo es capaz de reaccionar cuando tiene hambre, no emite ninguna señal que indique que se está comiendo demasiado. Podemos tener el estómago lleno, pero si nos apetece algo o nos entra por la vista seguimos comiendo; si llega la hora de comer, comemos sólo porque es la hora, y así siempre.

¿Se puede comparar el actual problema de la sobreabundancia de objetos con el comportamiento ávido del ser humano ante los alimentos? Por más nutritiva y gustosa que resulte una comida, la cantidad de alimentos que puede ingerir un cuerpo humano tiene un límite que no debería superarse. Y del mismo modo, por más práctico, valioso o útil que pueda ser un objeto, no debemos acumular más de lo necesario a nuestro alrededor. Cuando acumulamos en exceso, la sensibilidad humana no emite ninguna señal para advertirnos.

Poseer objetos forma parte de la naturaleza humana

Para empezar, ¿por qué tenemos la necesidad de poseer cosas?

La respuesta es simple cuando hablamos de comida. El organismo obtiene una sensación de saciedad y placer cuando satisface el apetito, el deseo sexual o el sueño. Pero respecto a la posesión de objetos, tengo la sensación de que nuestra existencia está ligada al afán de posesión.

Las «cosas» no son meros objetos, sino que desde el momento en que las poseemos llegan a formar parte de nosotros. En esto se basa la sociedad de consumo: poseer las cosas que deseamos nos hace sentir realizados. Por el contrario, si perdemos algo que ya teníamos sentimos un dolor similar al de quien pierde una parte de sí mismo. Por ejemplo, cuando los niños pequeños empiezan a tomar conciencia de sí mismos, acaparan sus juguetes y no quieren compartirlos. Luego empiezan a darse cuenta de las cosas y aprenden a jugar con sus amigos o a prestar juguetes a sus hermanos pequeños.

Posiblemente, al convertirnos en adultos aprendemos a racionalizar y ocultar este instinto, pero ese sentimiento nos acompañará toda la vida. Siguiendo ese instinto, en lugar de tirar las cosas viejas, las acumulamos y al mismo tiempo compramos otras mejores. ¿Ésa es una forma natural de actuar?

En el fondo, todos somos conscientes de que la actual situación de sobreabundancia no es natural. De ahí surge el interés por los problemas medioambientales y la austeridad. Sin duda, resulta positivo para el medioambiente y para la economía familiar vivir sin desperdiciar y limitar nuestro consumo al mínimo indispensable. Y, sin embargo, ese cambio de actitud parece imposible.

¿No sería mejor admitir que el hecho de poseer algo, de querer tener algo, forma parte de la naturaleza humana y como tal es irremediable? ¿No deberíamos pensar, en cambio, que lo que hay modificar es ese afán de querer seguir poseyendo objetos de forma irresponsable?

La elección de tirar

Debemos dejar de adquirir y guardar cosas de forma indiscriminada y reflexionar, en cambio, sobre por qué las tenemos. Para ello debemos cambiar radicalmente de mentalidad y, con el objetivo de prepararnos de una vez por todas para tirar, lo primero que tenemos que hacer es aprender algunas técnicas imprescindibles.

Tirar no consiste en arrojarlo todo a la basura sin más. Y precisamente porque no consiste sólo en eso, surgen dudas como las que expresaban mis amigos y que os he transmitido un poco más arriba. Dudas aparte, si hacemos una selección de lo que poseemos, deberíamos ser capaces de comprender lo que realmente necesitamos para vivir. Y después de haber tirado todo lo que no sirve, adoptar un estilo de vida enfocado al ahorro y al reciclaje –es decir, comprar sólo el mínimo indispensable y pensar en la protección del medioambiente– nos será de gran ayuda a la hora de gestionar los objetos que poseemos.

Llegados a este punto, quizá ya estéis convencidos de que queréis empezar a tirar. Pero puede plantearos dificultades el hecho de no saber cómo ni por dónde empezar, de modo que vuestras intenciones tal vez acaben quedándose en agua de borrajas.

Pero para que no desistáis, os contaré mi propia experiencia. Seguidamente os facilitaré una serie de datos estadísticos que yo misma he recopilado y que ilustran los casos más comunes. Y posteriormente, a partir del próximo capítulo, analizaré los estados de ánimo y las técnicas que hay que adoptar para conseguir tirar.

Tirar antes de una mudanza

Personalmente, han sido muchas mudanzas que he realizado las que me enseñaron la importancia de tirar. Tras vivir con mis padres, a los veintiséis años me independicé y me fui a vivir a un diminuto apartamento de seis tatamis por tres, con lavabo pero sin bañera. Después me mudé a un piso de dos habitaciones con cocina y comedor y, posteriormente, a una casa de dos habitaciones en un barrio residencial, con cocina, comedor y sala de estar. Tras vivir tres mudanzas en tres años, me casé y volví a mudarme. Por aquel entonces alquilé una casa con tres habitaciones y cocina, además de un apartamento en el que trabajaba. Pero al cabo de poco nos compramos una casa y resultó que me había mudado cinco veces en ocho años.

La primera revelación me llegó cuando me independicé. Dado que me mudaba a un apartamento muy pequeño, decidí llevarme únicamente lo imprescindible.

Con el escaso presupuesto del que disponía alquilé un camión de mudanzas de dos toneladas. Mientras seleccionaba qué iba a llevarme, me di cuenta de que no necesitaba aquellos libros que creía imprescindibles, ni aquellos objetos de recuerdo que tenían cierto valor sentimental. Ni siquiera los muebles.

A diferencia de mi ordenadísimo pisito, al que había llevado sólo lo que consideraba imprescindible, en la casa de mis padres apenas se notó el cambio. En aquella ocasión lo único que hice fue dejar allí las cosas que podría haber tirado sin el menor remordimiento.

Después, cada vez que me mudaba mis pertenencias aumentaban. Sin embargo, y dado que ya empezaba a ser consciente de que había que tirar, no eran tantos los objetos que me llevaba conmigo.

El matrimonio y el placer de tirar

Tras casarme, me encontré ante un nuevo reto. Mi marido había vivido durante diez años en una casa de tres habitaciones. Se trataba de un edificio construido durante el período Taisho y, como tal, disponía de una gran cantidad de espacio en el que almacenar cosas y de una gran cantidad de cómodos rincones ocultos.

Evidentemente, se habían acumulado muchísimos objetos. Lámparas que quizá algún día serían de utilidad, tiestos, jarrones y cómodas llenas de ropa y manteles.

Nada de todo aquello, obviamente, era basura. Todo tenía su utilidad. Pero con una nueva inquilina, era inevitable que el espacio se redujera y que los objetos empezaran a estorbar. Más aún si la nueva inquilina era consciente de la importancia de tirar.

Como podéis imaginar, me puse manos a la obra. Si uno mira a su alrededor en busca de objetos para tirar, es sorprendente la cantidad que llega a encontrar. Más aún si los objetos los ha acumulado otra persona. Pero mi marido no pensaba igual y se oponía con frases como: «esto no lo tires», «esto lo necesito», «los libros sí que no»... Para convencerlo, tuve que explicarle que tirar aquellas cosas era necesario: tal vez pareciera un desperdicio, pero liberar espacio era de vital importancia.

Tras varias discusiones, finalmente mi marido empezó a apreciar que la casa fuese más espaciosa y dejó de quejarse. Y como él se sentía satisfecho, yo también me sentía muy satisfecha.

¿Os estáis preguntando si después de esta prueba me sentí satisfecha de haber «corrido la voz» respecto a la necesidad de tirar? La respuesta es no: sólo obtuve la agradable sensación de ver vacío y ordenado un espacio en el que antes se amontonaban los objetos. De ese modo, nuestra casa se había convertido en una morada agradable, envidiada por todos. Tal vez hubo dos o tres cosas que no tendría que haber tirado, pero ahora ya ni siquiera me acuerdo.

Por eso, después de trasladarnos a nuestra actual casa y acumular nuevas montañas de desechos, no hemos podido sino quedarnos perplejos por los niveles de acumulación a los que es capaz de llegar el ser humano. En los días en que, con la mudanza ya realizada, no hacíamos más que subir y bajar las escaleras para tirar bolsas de basura y contemplábamos las montañas de trastos acumulados en la casa ya vacía, sentimos una desagradable sensación al pensar en la cantidad de cosas inútiles con las que habíamos convivido.

Si hasta en mi casa, donde reinaba el principio de tirar, se habían acumulado pilas de objetos, con la falsa creencia de que algún día los usaríamos o de que era mejor conservarlos por si acaso... ¿cómo será la situación en vuestra casa?

El conflicto con una madre criada durante la posguerra

Me gustaría escribir ahora sobre mi madre, quien me influyó para que fuera partidaria de tirar. Mi madre forma parte de una generación cuya infancia transcurrió durante la Segunda Guerra Mundial. Se casó nada más terminar el colegio y, tras vivir durante quince años en una amplia casa con un almacén anexo, se mudó al apartamento en el que vive desde hace veinte años.

Para alguien que ha experimentado varias mudanzas y es consciente de la necesidad de tirar, la casa de mi madre era un espacio invadido de objetos. Es más, a pesar de que sus dos hijos ya se habían independizado, los objetos parecían aumentar en lugar de disminuir.

Pongo por ejemplo la alacena. En ella podemos encontrar los restos de la vajilla occidental que mis padres compraron al casarse; alguna taza de té suelta que en su día formó parte de algún juego de estilo tradicional; cuencos de obsequio; vasos de propaganda, y toda la colección de cuencos lacados que yo misma le había regalado. A pesar de vivir sola, mi madre tenía el triple de cosas que yo.

Cuando en alguna ocasión le comentaba «¿Por qué no tiras algo?», ella respondía: «Sí, debería hacerlo», y allí terminaba la conversación, sin que se tirara nada. Si yo decía «¿Quieres que lo haga yo?», ella respondía: «No, ya me ocupo yo».

No es que no entienda ese sentimiento de apego. Mi madre creció en la escasez de la posguerra y sus primeros años de casada transcurrieron entre la aparición continua de novedosos electrodomésticos y demás. Para su generación los objetos son valiosos. Seguramente sería incapaz de tirar algo que aún sirve sin que le remordiera la conciencia.

Aunque visto desde fuera una toalla raída o un tazón mellado puedan parecer basura, aún pueden usarse. Y percibirlo así es una virtud. Pero lamentablemente se trata de una virtud que no encaja con nuestros tiempos.

Y eso se debe a que adquirimos objetos nuevos antes de que se agote la vida útil de los anteriores.

Sigo sin rendirme y le insisto a mi madre para que tire cosas. Ella, a su vez, sigue contestándome: «Sí, debería hacerlo». Y, en realidad, cada vez que mira la alacena repleta de piezas de vajilla que no usa y las habitaciones de cuando éramos niños abarrotadas de cosas, hasta ella piensa que debería empezar a tirar.

En este libro también quiero dirigir un mensaje a la generación de personas que poseen la misma virtud que mi madre. Dejad atrás las virtudes pasadas y empezad a tirar. Y a partir de ahí, construid nuevas virtudes.

Os presento mi actual lugar de trabajo

Seguramente pensaréis que mi estilo de vida es simple y funcional, y que sólo poseo aquello que he seleccionado minuciosamente.

Nada más lejos de la realidad. A pesar de tirar continuamente, sigo acumulando cosas. Es posible que, en comparación, mi casa tenga menos cosas que las demás, pero basta con bajar la guardia un instante y los objetos vuelven a acumularse.

Por ejemplo, echemos un vistazo al despacho desde el que escribo este libro.

Sobre la mesa hay un lapicero con demasiados utensilios para escribir. Hay bolígrafos que no escriben desde hace ya muchos años y estilográficas sin tinta. El abrecartas que nunca he utilizado parece el amo y señor del lapicero: no lo uso y ya ni siquiera corta, pero lo conservo porque me gusta su diseño. Y aquel muñequito del conejito Miffy lleva meses ahí colgado, desde que me lo regalaron.

Una montaña de disquetes se apila sobre el escritorio. Hoy en día, se puede enviar información por correo electrónico y para los archivos de grandes dimensiones, siempre se puede recurrir a los CD, así que los disquetes ya no tienen la menor utilidad. En esa montaña de disquetes puede haber de todo, pero debido a mi mala organización, no tienen etiqueta alguna.

Los cajones del escritorio los ordené cuando me mudé, pero ahora están a rebosar de viejas agendas, reglas de todo tipo y un montón de papeles. Por tanto, no cumplen en absoluto su función de cajones. Apenas los abro una vez al mes.

Bajo la silla tengo un objeto de bambú que me regalaron y que sirve para masajear los pies, pero me estorba a más no poder.

Sobre el suelo hay montañas de documentos y fotocopias; las revistas forman un montículo. En la parte inferior creo identificar los restos de un trabajo del mes anterior.

Dado que no hay manera de colocarlos en la estantería, he amontonado en una misma pila los libros que tengo intención de tirar en cuanto los lea y los prestados, que pienso devolver a la biblioteca. En un rincón, junto a la estantería, se apilan los libros de mi marido, que no se han abierto desde que nos mudamos hace dos años. De vez en cuando se derrumban al tropezar con ellos, pero los vuelvo a apilar.

En la pared cuelga, desde el otoño pasado, un abrigo que no me cabía en el armario.

En el compartimento superior del armario empotrado guardo los libros que he publicado y la aspiradora; y en el inferior, montones de ropa informal que nunca me pongo y bolsos de uso diario que no utilizo.

Pero voy a dejarlo aquí porque estoy empezando a aborrecerme. Os aseguro que la situación es tal y como os la he descrito.

Que conste que tiro continuamente, pero a pesar de ello no dejo de acumular objetos. Temo que, si me rindo, la situación empeore, así que cada vez que pasan a hacer la recogida selectiva, lleno una bolsa entera de objetos descartados.

Una encuesta sobre los objetos que más nos cuesta tirar

Examinemos a continuación las cosas que en general más nos cuesta tirar.

Para ello he realizado una encuesta llamada «las cosas que más nos cuesta tirar». He preguntado cuáles son las cosas que no conseguimos ordenar y las cosas que no conseguimos tirar. Para realizar la encuesta no he contratado a ninguna empresa especializada sino que he recurrido a los trabajadores de la editorial Takarajima, sus colaboradores y su entorno más próximo. Por lo tanto se trata de una muestra que incluye básicamente oficinistas de ciudad. No he tenido en cuenta sesgos como estilo de vida, domicilio, trabajo, etcétera.

También he recogido respuestas de entornos urbanos de Osaka, Kyushu, Shikoku, Chubu y Hokuriku. Ni el muestreo ni el tamaño de esta encuesta son válidos estadísticamente, pero nos dan una idea de la situación de la vida urbana actual.

Y los ganadores son... ropa, libros y revistas

Al preguntar a los encuestados si en la vida cotidiana había algo o algún lugar particular que les costase organizar, o algo o algún lugar en concreto que al verlo pensaran que deberían hacer algo, el 100 % de los hombres y el 90 % de las mujeres respondieron que sí. La respuesta era tan predecible que, curiosamente, me intrigaron aquellos que habían respondido que no.

Tras indagar más a fondo sobre las cosas concretas que más cuesta organizar, resulta que las tres categorías ganadoras fueron libros, ropa y revistas. En el caso de los hombres, primero eran los libros, después la ropa; y en el caso de las mujeres, primero la ropa y después los libros. En los dos casos, el tercer puesto lo ocupaban las revistas. Era de esperar, pero sorprende saber que casi la mitad de los encuestados, entre hombres y mujeres, afirmen tener dificultades a la hora de organizar los libros y las revistas.

Si a este resultado le añadimos la pregunta que formulamos a continuación, es decir, si había algo que desearan tirar pero se resistieran a hacerlo, podréis comprender un poco mejor la mentalidad general.

El 80 % de los hombres y el 95 % de las mujeres afirmaron tener dificultades. Y por contra, poco más del 10 % afirmaba no tenerlas. Podemos concluir, pues, que la gran mayoría tiene dificultades para poner orden en su vida cotidinana y posiblemente, en más de una ocasión se les haya pasado por la cabeza tirar lo que no necesitan.

Si enumeramos las cosas que más les cuesta tirar a lo hombres, la lista la encabezan –con gran ventaja– los libros, seguidos de las revistas y de la ropa. En el caso de las mujeres, gana la ropa, seguida de los libros y de las fotos. Si combinamos ambos resultados sobre los objetos que más cuesta ordenar y los que no se consigue tirar, mis teorías se confirman por completo: los hombres tienen problemas con objetos de tipo informativo (libros y revistas) y las mujeres con la ropa.

No saber dónde meter una cosa puede significar también que la podemos tirar

Si no sabéis dónde meter algo, entonces ¿por qué no lo tiráis sin más? Tal vez este razonamiento os parezca demasiado radical. Y tal vez el simple hecho de decir «no saber dónde meter una cosa significa que la podemos tirar» os ponga a la defensiva.

Pero, justamente, eso es lo que propongo en este libro. No os alarméis ni os empeñéis en mantener vuestra postura. Lo único que tenéis que hacer es echar un vistazo a las encuestas.

De hecho, la mayoría de las personas llegan a esta conclusión con los objetos más prescindibles. A la pregunta de «¿Qué tiras a conciencia para evitar que se acumule rápidamente?», el 40 % de los hombres y el 60 % de las mujeres colocaron en primer lugar las revistas, que ocupaban el tercer lugar en el *ranking* de «cosas que nos sabemos dónde meter».

En la categoría de «cosas de las que no conseguimos deshacernos», las mujeres colocan en el quinto puesto las voluminosas revistas de moda y las de temática general, quizá porque no contienen información susceptible de ser conservada durante mucho tiempo.

Volviendo a la pregunta de «¿Qué tiras a conciencia para evitar que se acumule rápidamente?», por debajo del segundo puesto encontramos folletos de propaganda, correo comercial, bolsas de supermercado y grandes almacenes, catálogos y periódicos, quizá porque en estos casos es sencillo decidir que no se van a usar durante mucho tiempo. Pero por encima de todo está el temor de que al bajar la guardia se vayan acumulando. Tener presente este «temor» es el primer paso para empezar a tirar.

¿Qué hago con esto?

Ya hemos visto los resultados en general de las encuestas, pero retrocedamos un poco y analicemos los ejemplos concretos que aparecen en las respuestas.

Como ya he mencionado, las tres cosas que más nos cuesta organizar son libros, ropa y revistas. También se recogieron otras respuestas típicas, pero si echamos un vistazo general caeremos en la cuenta de que siguen un patrón.

1. Documentos de alto contenido informativo como libros y revistas. En este grupo también se incluyen documentos de trabajo, folletos, catálogos. Nos cuesta liberarnos de ellos porque pensamos que algún día podemos necesitarlos. Dado que aumentan sin parar y nos cuesta encontrarlos cuando de verdad los necesitamos, también nos cuesta dar con el modo eficaz de almacenarlos.

2. Prendas de vestir, zapatos y bolsos. Les cogemos aprecio porque nos los ponemos. Además, son

objetos que no envejecen bruscamente ni tienen caducidad. El problema está en que el espacio de almacenaje es reducido y sólo tomamos conciencia de ello cuando el armario está a rebosar.

3. Objetos destinados al ocio como CD y cintas de vídeo. Queremos escuchar música o ver una película cuando nos apetece y por eso no podemos tirarlos. Pero guardarlos de forma que podamos encontrarlos fácilmente no es una tarea sencilla. En este aspecto, se parecen a los objetos del punto 1.

4. Objetos que conllevan una cierta carga emocional y recuerdos a los que atribuimos un valor especial. Son muy abundantes. Además de fotos, álbumes, regalos y postales de Año Nuevo, en este categoría se incluyen también cosas como la ropa que os hizo vuestra madre, juguetes de vuestra infancia, la televisión que comprasteis de recién casados o los apuntes de la universidad que, aparte de contener información, os traen entrañables recuerdos de vuestra época de estudiantes.

5. Cosas que os parece un pecado tirar. Lo más representativo de este grupo es la comida. Lo que os lo impide es la sensación de que tirar la comida es una falta de respeto. Otro ejemplo son los objetos caros, como la ropa tradicional japonesa o los zapatos de marca. También se incluyen en este grupo regalos y libros.

La psicología oculta del acto de «tirar»

Cuando preguntamos «¿Qué crees que deberías hacer con esos objetos que te estorban?», de entre todas las opciones que planteamos, la principal –tanto para hombres como para mujeres– fue «tirar».

La principal conclusión de la encuesta es que «si algo se puede tirar, es mejor hacerlo». En el caso de las mujeres, surgió una cuestión interesante: muchas de ellas creen que aprender a organizar y reordenar es un modo eficaz de resolver el problema del exceso de objetos. Casi la mitad de las mujeres compartían esa opinión y colocaron esa respuesta en segundo lugar. ¿Será porque la cultura del «poner orden» forma parte de su educación?

Por otro lado, muchos de los hombres propusieron mudarse a una casa o un apartamento más espacioso. Pensar que la solución está en tener más espacio es ser un poco ingenuo, pero lo comprendo. Es posible que las mujeres deseen tener más espacio para almacenar, pero no creen que una casa más grande resuelva el problema. He aquí, pues, la diferencia entre hombres y mujeres.

Durante la encuesta, pedí a los participantes que asociaran la palabra «tirar» a otras palabras que se les ocurrieran. En este aspecto, también surgieron puntos de vista curiosos.

Por un lado surgieron palabras como «alivio», «dar un paso adelante», «simplicidad», «un nuevo comienzo», «espacio despejado», «ágil», «mudanza», «minimalista», «vida sencilla». Esto es lo que pensaban aquellos que eligieron «tirar» como solución.

Otros, en cambio, asociaron a la palabra «tirar» conceptos completamente distintos, como «quizá algún día me haga falta», «tal vez me arrepienta» y «orden». ¿Pensaban quizá en métodos de organización y orden? Es posible... Y conforme su inseguridad se desarrollaba surgieron imágenes como «recuerdo», «apego», «adiós», «despedida», «mujer», «hombre», «pasado», «pérdida», «echar de menos», «sensación negativa como de estar deshaciéndome de mi pareja, mis padres o mis hijos», «borrar». Incluso me sorprendió que algunos asociaran al término «tirar» la imagen típicamente japonesa del *ubasute*, un fenómeno profundamente arraigado en nuestra cultura. Si por un lado surgieron ideas relacionadas con el hecho de «tirar» como «basura», «bolsas de basura», o «Yumenoshima», por otro lado también hubo quien le dio un aire más ecológico a esa asociación de ideas, mencionando conceptos como «no desperdiciar», «dioxinas», «reciclaje», «mercado de segunda mano», «planta de gestión de residuos», «contaminación», «recogida selectiva».

Armaos de valor y... ¡empezad a tirar!

Tras ver los resultados de la encuesta, nos damos cuenta de que detrás de una acción tan simple como «tirar» se esconde una compleja psicología.

Volviendo a la última pregunta planteada, es decir, a las imágenes asociadas al acto de tirar, la mayoría de encuestados asoció ese término a diferentes puntos de vista. Algunos eran partidarios de «no desperdiciar» a la vez que decían querer sentir «alivio» o «dar un paso adelante»; otros combinaban la palabra «reciclaje» con palabras como «pasado» o «ágil». Y es precisamente a eso a lo que nos referimos: a que tras el acto de tirar se esconde una psicología compleja.

Seamos claros: para evitar que esos estados de ánimo entren en conflicto, preferimos acumular. Yo llamo «zarigüeyas» a todas aquellas personas que se sienten seguras almacenando cosas. Si no queréis convertiros en zarigüeyas y dedicaros a retozar sobre las bayas y hojas almacenadas en nuestra madriguera, debéis ser valientes y empezar a tirar.

Primera parte

TÚ TAMBIÉN PUEDES TIRAR

Diez estados de ánimo clave que adoptar

1

Prohibido decir:
«De momento lo guardo»

El pretexto principal de quienes tienden a acumular cosas es «de momento lo guardo». Ese «de momento» no tiene nada que ver con el «de momento, una cerveza» que podemos pronunciar en cualquier bar. Seamos conscientes de que aplazar el momento de la decisión no cambiará la situación.

Es fácil caer en la trampa con...

Cartas documentos, revistas, publicidad, CD, correo publicitario, productos de alimentación, ropa, regalos, muebles, electrodomésticos y prácticamente todo.

En situaciones así lo que sucede es que...

Pensar «de momento lo guardo» es una vía de escape tan efectiva que tendemos a actuar así en la mayoría de casos. Pongamos por ejemplo algunas situaciones típicas en las que nos vengan a la mente estas palabras.

Situación 1. Mientras leo la prensa temprano por la mañana.
Todos lo días el periódico viene repleto de folletos de propaganda. Es posible que contengan información útil. Mira, ofertas en electrónica. Me encantaría comprarme un ordenador nuevo. Y éste es de unas rebajas de unos grandes almacenes carísimos. Ahora que lo pienso, me

faltan camisetas de entretiempo. Pero ahora no puedo, así que ya los hojearé tranquilamente por la noche. Mi mujer tiene más tiempo y los leerá por la mañana. Tendré que decirle que no los tire. Guárdalos «de momento»; les echaré un vistazo más tarde.

Situación 2. Vuelvo de la compra y me dispongo a guardarla en la nevera.
No tengo ni idea de lo que hay dentro, pero está a rebosar. Apenas me cabe lo que he comprado, pero lo voy a dejar a mano para la cena. Hay unos botes en el fondo que ocupan mucho sitio. Me pregunto de cuándo serán. Ya me entretendré algún día en poner orden. Bueno, hoy no tengo tiempo, «de momento» lo dejo todo tal cual. Vaya, hombre, no tengo espacio para guardar la soja fermentada. Podría meterla en el cajón de las verduras. Por cierto, las espinacas están mustias. Bueno, el menú de hoy ya está decidido, quizá me las coma mañana. «De momento» las dejo ahí.

Situación 3. Llega un paquete.
Es un obsequio de parte de la señora Tatsumi. No me digas, ¿otra vez fideos *kanmen*? Qué le vamos a hacer. Ahora no los voy a consumir así que los guardaré en la despensa. Con la caja no me caben así que los sacaré de ahí y la tiraré. Guardaré sólo la bolsa de *kanmen* y la salsa *tsuyu*. «De momento» los dejo ahí.

Situación 4. De regreso a casa después de una boda.
En esta ocasión los novios se han esmerado para ofrecer obsequios personalizados a todos los invitados. Me pregunto qué será. Uf, ¿de verdad creían que esto era

«ideal» para mí? No es de mi gusto. Qué se le va a hacer, «de momento» lo guardo. Si no lo ven la próxima vez que vengan a casa se ofenderán.

Situación 5. Después de haber comprado una lámpara. Qué diseño más bonito. Es perfecta para esta habitación. ¿Qué vamos a hacer con la lámpara que teníamos? Sabe mal tirarla porque aún está en buen estado. Y además el diseño tampoco era tan feo. «De momento» la guardo, tal vez algún día me haga falta.

Situación 6. Tras una reunión de negocios.
Estoy asombrado, no creí que se presentaran tantos clientes. Me alegro de que no nos faltaran tarjetas de visita. Ya ni siquiera me acuerdo de quién era quién, ¿qué hago con este montón de tarjetas de visita? Bueno, «de momento» las guardaré. ¿Y con estos papeles? El contrato se ha firmado con éxito y Nakao se ocupa del resto, así que mi función ha terminado. Pero de todos modos los voy a guardar «de momento», por lo que pueda pasar.

La mentalidad del «de momento lo guardo»

No serán pocos los que recuerden haber vivido situaciones similares. Pero ¿qué beneficios aporta el guardar algo «de momento»?

En la situación 1, los folletos habrán permanecido apilados durante todo el día sobre la mesa del comedor y, cuando el marido regrese agotado a casa, preferirá darse un baño y ver la televisión antes que ponerse a hojearlos. Cuando su mujer le pregunte «¿Te los vas a mirar?», él contestará «Ya te he dicho que sí», zanjando así la cuestión.

En la situación 2, un buen día examinaremos esos botes de cristal y pondremos el grito en el cielo al ver que el contenido se ha echado a perder. Las espinacas habrán pasado una semana más languideciendo en el cajón de las verduras y no quedará más remedio que tirarlas.

En la situación 3, durante la limpieza general de fin de año me preguntaré qué es esa caja blanca que hay en la despensa. Al abrirla comprobaré que se trata de aquellos fideos que no nos apetece en absoluto comer.

En la situación 4, la pareja de recién casados nunca vendrá a visitarnos y el obsequio permanecerá guardado en alguna parte.

En la situación 5, la lámpara ocupará durante años un rincón del trastero hasta que una mudanza acabe destinándola al vertedero.

Todos esos objetos han sido un estorbo desde el primer momento (es decir, desde que nos los regalaron o desde que los sustituimos por otros) y en realidad podríamos haberlos tirado enseguida. Pero evitamos enfrentarnos a ello y nos refugiamos tras el «de momento», y cuando llega la hora de tirarlos nos consolamos pensando que «lo habíamos guardado pero al no utilizarlo no nos queda otra alternativa».

En este grupo también se incluyen los objetos ligeramente rotos. Un cuenco ligeramente mellado, un bolígrafo que no escribe bien, una camisa con una pequeña mancha... Todos estos objetos resultan un engorro, pero como nos sabe mal desperdiciarlos caemos en la tentación de pensar que deberíamos guardarlos «de momento».

Y en la situación 6, por último, las tarjetas de visita pasarán a engrosar el álbum de tarjetas sin que las volvamos a consultar ni una sola vez. Y lo mismo ocurre con el documento al que condenaremos al fondo del cajón sin saber siquiera a qué hacía referencia.

El resultado es que todas aquellas cosas que «de momento guardamos» sólo hacen una pequeña parada antes de acabar en la basura. Ese «de momento» no es más que una manera de rehuir la necesidad de tirar. Si algo es realmente necesario, entonces no pensaremos en el «de momento».

Para que sea más comprensible, en el caso de quienes utilizan ordenador el «de momento» equivaldría a la papelera. Si tiramos un documento a la papelera que tenemos en el escritorio del ordenador, lograremos que desaparezca de nuestra vista «de momento». Pero no habrá desaparecido realmente pues permanece guardado en el disco duro. Una vez hayamos ejecutado la tarea «vaciar la papelera», habremos tirado de verdad el documento borrándolo por completo.

Pero entre el mundo de los ordenadores y el de verdad existe una diferencia fundamental: la papelera del ordenador puede estar a rebosar pero no ocupa espacio físico y, si se supera su capacidad, los archivos más antiguos se irán eliminando de forma automática. En cambio, en la vida real, las cosas que conserváis «de momento» permanecerán ahí hasta que vosotros mismos las tiréis.

¡Pensad así!

Os prohíbo que penséis en ese «de momento». Los folletos que realmente queráis leer, hojeadlos al momento. Si os preocupa el contenido de los botes de cristal, debéis comprobarlo al instante. Debéis sacar la comida de la cajas y hacerla visible. Aunque no los uséis al momento, si sacáis los obsequios de su embalaje evitaréis que acaben guardados y propiciaréis su uso.

No podéis evitar que os sepa mal tirar una lámpara, un electrodoméstico o un mueble y por eso os refugiáis en el «de momento», pero debéis pensar en otra solución. Más tarde hablaremos sobre el uso eficiente de las tiendas de segunda mano o de los círculos de amistades.

Tanto con los documentos, como con las revistas o las tarjetas de visita tendemos a pensar en el «de momento», pero antes es importante tener claro cuál es el objetivo.

La función de una tarjeta de visita son los datos de contacto. Pero si se trata de la tarjeta de alguien con quien compartís departamento y empresa, entonces no será necesaria. Con que sepáis su nombre será suficiente. Lo mismo ocurre con los documentos y las revistas, antes de guardarlos debéis tener claro qué es lo que os interesa de ellos. Si tenéis por costumbre guardarlo todo, lo realmente importante quedará enterrado bajo una montaña de papeles y el día que lo necesitéis no lo encontraréis. Sobre los documentos hablaremos más ampliamente en el capítulo 7.

2

Nada de «sitios provisionales»: decidid de inmediato dónde va cada cosa

Es fácil caer en la trampa de encontrar un sitio provisional a las cosas que no conservaremos sólo «de momento», porque muy probablemente las necesitaremos en el futuro. Pero existe el riesgo de que ese «sitio provisional» acabe convirtiéndose en definitivo.

Es fácil caer en la trampa con...

Todas aquellas cosas que hay que guardar y ordenar a conciencia: libros, CD, cintas de vídeo, documentos, productos de alimentación, prendas de vestir y objetos más pequeños, como artículos de escritorio.

En situaciones así lo que sucede es que...

Para ilustrar el concepto de «sitio provisional», voy a poner un ejemplo del lugar de trabajo, de modo que sea más sencillo y comprensible. Pongamos que tenéis por norma la siguiente disposición: en el primer cajón guardáis bolígrafos, lápices y objetos de escritorio. En el segundo, accesorios informáticos. Y en el tercero, los ficheros con los documentos importantes. En el cajón más amplio, el que está bajo el tablero de la mesa, guardáis las libretas y los documentos con los que estáis trabajando. Si no seguís esa norma al pie de la letra, los objetos empiezan a invadir el escritorio.

Situación 1

Encima del escritorio se amontonan las cosas que estoy utilizando: los documentos de un proyecto que estoy llevando a cabo, un artículo académico que debo leer o la revista que compré ayer, que está ahí «provisionalmente». También «provisionalmente» dejo encima de la pila los documentos de la reunión que ha terminado hace un momento porque los necesito la semana que viene. Cuando llegue el momento de ordenar todo eso, seguramente no sabré dónde poner las cosas.

Situación 2

El proyecto que empecé el mes pasado es muy similar a un trabajo que hice en el pasado. Por eso he sacado unos informes de ese antiguo trabajo, que había guardado en el cajón de los ficheros, y los he dejado encima de la mesa mientras trabajaba. Por fin he terminado el proyecto y, ahora que lo he entregado, me dispongo a ordenar las fotocopias y los documentos que no necesito, pero resulta que los documentos de ahora y los anteriores se han entremezclado. Si tiro los documentos del proyecto anterior me quedo sin copia. Como ahora no tengo tiempo para clasificarlos, «provisionalmente» los guardaré todos juntos en el archivador antiguo.

Situación 3

Acabo de imprimir unos documentos para una presentación cuando me ha llegado un trabajo más urgente. Los guardo «provisionalmente» en el cajón. Puesto que me disponía a hacer unas copias de inmediato, no me molesto en guardarlos a conciencia. Además, tengo una copia en el ordenador.

Situación 4

Hay objetos que no se corresponden con ninguna de las categorías en las que divido el contenido de los cajones: por ejemplo, las garantías, los catálogos, las fotos, los dulces que me han regalado o un encendedor. Como no sé dónde guardarlos y en el cajón grande sobra espacio, «provisionalmente» los dejaré ahí.

Situación 5

Los documentos que tengo que guardar son cada vez más numerosos, así que los voy metiendo «provisional-mente» en cajas que coloco en el suelo. Es muy práctico porque los puedo dejar unos encima de otros. Y como las cajas de cartón son muy grandes, caben un montón. Un día de éstos me pondré a ordenarlos todos.

La mentalidad del «sitio provisional»

Aunque al dejar algo en un sitio pensemos que sólo es de forma provisional, lo normal es que ya no lo movamos de allí. Aunque no sea el lugar más apropiado, difícilmente lo cambiaremos de sitio. A menudo veo a la gente apartarse para esquivar una caja en medio del pasillo, pero a nadie se le ocurre quitarla de ahí. Lo mismo ocurre con una mesa enterrada bajo montañas de papeles. Nos limitamos a apartarlos un poco. Y todo porque nos da pereza.

Además, los objetos que dejamos provisionalmente en un lugar se van acumulando hasta que ya no sabemos por dónde empezar. Lo normal, pues, será que os encontréis en alguno de los siguientes casos:

1. Acabaréis olvidando que están allí.
2. Cuando necesitéis algo, no recordaréis dónde lo habéis dejado.
3. No podréis volver a abrir el mueble o el cajón en el que los habéis guardado.
4. Las cosas útiles y las inútiles acabarán irremediablemente mezcladas.
5. Y, por desgracia, seguiréis usando ese espacio como un lugar de fácil almacenaje.

Veamos el ejemplo de las situaciones anteriores. En la situación 1, en la que se amontonan los documentos en la mesa, se suelen dar los casos 1, 4 y 5. En la situación 2, en la que se nos han mezclado los documentos, se dan los casos 3, 4 y 5. En la situación 3, de los documentos impresos, se da el caso 2; y en la situación 4, la del cajón, se dan los casos 1, 2 y 3. Y finalmente en la situación 5, la que hace referencia a la caja de cartón, se dan los casos 3, 4 y 5.

Es decir, que cuando queráis usar otra vez algunos de esos objetos...

1. Si olvidáis dónde está no podréis volver a usarlo.
2. Si no sabéis por dónde empezar a buscar, no conseguiréis encontrarlo.
3. Guardar las cosas de forma descuidada os hará perder la ocasión de volver a usarlas y las convertirá virtualmente en basura.

Y si os proponéis poner un poco de orden...

4. Dado que las cosas útiles están mezcladas con las que no lo son, será difícil tirarlas o cambiarlas de sitio.

5. Ese lugar de almacenamiento que habéis creado a la ligera no tardará en convertirse en una especie de vertedero. Por eso acabaréis acumulando más cosas de las que necesitáis.

Estas situaciones se dan en la sala de estar, la cocina y los dormitorios de nuestro hogar, y la mayoría de cosas que encontramos en ellas ocupan un «sitio provisional». Pensar que dejamos algo «de momento» o «provisionalmente» forma parte de la naturaleza humana.

Y pensando en ello me viene una historia a la cabeza. Había un bosque en el que vivían muchas ardillas que se alimentaban de bayas, nueces y bellotas. Para almacenar comida, enterraban todas esas cosas bajo tierra, con la idea de comérselas algún día. Al poco tiempo, sin embargo, olvidaron que habían guardado esos alimentos y, terminado el invierno, llegó la primavera. Las bellotas habían germinado y estaban creciendo plantas. Así pues, esta historia nos cuenta la relación de colaboración que se establece entre las ardillas y las bellotas: las ardillas obtienen alimento de los árboles y se encargan de esparcir su descendencia.

¿Es posible que guardar objetos «provisionalmente» llegue a resultarle beneficioso a alguien?

¡Pensad así!

Aunque así fuera, encontrar un «sitio provisional» a las cosas innecesarias resulta peligroso en nuestras vidas repletas de objetos. No sólo nos impide tirar cosas, sino también encontrar lo que estamos buscando.

Por eso debéis mostraros firmes y en lugar de buscar un «sitio provisional» a las cosas, tenéis que decidir de inmediato dónde van. Supongamos que os disponéis a amontonar documentos en una pila, a colocar latas de conserva en el estante de la comida o a guardar las toallas de obsequio en un hueco del ropero. Debéis deteneros a pensar un momento y plantearos si de verdad es ése el lugar que deben ocupar.

Posiblemente podáis tirar más de la mitad de los documentos y, el resto, podéis guardarlo en el fichero destinado a ello. Os disponíais también a colocar las latas en un estante alto porque el estante de las conservas está repleto. Quizá en él haya conservas que ya han caducado o cosas que no sirven para nada, como servilletas de papel. Las toallas de obsequio se pueden cortar en trozos más pequeños y guardar en la guantera del coche; y en el caso de que en la guantera ya tengáis, utilizarlas como trapo de un solo uso os facilitará la limpieza.

Si os olvidáis de los «sitios provisionales», el resultado será que encontraréis muchas cosas que se pueden tirar de inmediato.

3

«Algún día» no llega nunca

Quizá «algún día» lo use, quizá «algún día» lo necesite. Y quizá ese día nunca llegue. Si una joven sueña con que «algún día vendrá un príncipe a buscarla», es evidente que ese día no llegará nunca y que envejecerá esperando.

Es fácil caer en la trampa con...

Ropa, bolsos, libros, revistas, documentos, folletos, catálogos, vídeos que hemos grabado y negativos de fotos, obsequios, lámparas o televisores que han sido reemplazados por otros nuevos.

En situaciones así lo que sucede es que...

La mayor parte de las situaciones en las que pronunciamos ese «algún día», son situaciones en las que dudamos de si debemos tirar algo o no. Es esa misma indecisión la que hace que nos refugiemos en el «algún día».

Situación 1. Mientras ordeno ropa en el armario.
El armario está tan lleno que se me está arrugando la ropa. Tal vez debería poner un poco de orden. Además, no soporto tener la ropa colgada en las paredes. Hace tiempo que no me pongo este traje. Me va ligeramente estrecho. Creo que me está saliendo barriga. Pero este traje me gusta, lo guardaré por si «algún día» adelgazo. Éste en cambio lo podría tirar. Es de mi época de estu-

diante. Está pasado de moda. Pero ahora vuelve a llevarse la moda de los años setenta, quizá «algún día» me apetezca ponérmelo.

Situación 2. Mientras hojeo un catálogo de decoración.
Creo que voy a cambiar las cortinas. Este catálogo me gusta. Las lámparas y el baño son de muy buen gusto. Como referencia es perfecto. Lo guardaré por si «algún día» me decido a cambiar los muebles.

Situación 3. Mientras ordeno los álbumes de fotos.
Hay que ver qué rápido crecen los niños. Y qué cantidad de fotos tengo. Cuando eran bebés gastaba por lo menos cinco carretes al mes. La caja de los negativos está llena, tal vez debería tirar los viejos. Pero... ¿y si cuando sean mayores quiere revelar las fotos de su infancia? Es posible que «algún día» necesite los negativos, así que mejor no tirarlos.

Situación 4. De regreso a casa después de una boda.
Qué boda más pomposa. Fíjate qué bolsa más grande de obsequios. Se nota que son de Nagoya. A ver qué hay dentro... ¿Y esta caja tan grande? Un juego para *zarusoba*, con su bol y su plato de bambú. Parece bastante caro. Pero nunca hemos hecho *zarusoba* en casa. Sería una lástima dárselo a alguien. Lo guardaré, quizá «algún día» me dé por hacer *zarusoba*.

Situación 5. Al comprar electrodomésticos.
Genial, una televisión de 36 pulgadas. Puestas la una al lado de la otra, la de 24 se ve pequeña. Cuanto más grande mejor. Pero ahora no sé dónde poner la de 24. En el

dormitorio ya tengo una y en la habitación de los niños también. ¿Y si la tiro? Pero me cobrarán 500 yenes por deshacerme de ella y, además, aún funciona. Tal vez «algún día» encuentre a alguien que la quiera, la guardaré hasta entonces.

Situación 6. Al abrir un paquete.
Qué bien, mi madre me ha mandado *miso* del pueblo. Hay que ver qué amable es, incluso ha comprado una caja nueva en correos. No sé qué hacer con ella. Aún está nueva y la podría usar para enviar algo. Además las cajas de cartón no se consiguen fácilmente cuando tienes que hacer una mudanza. La guardaré por si «algún día» la necesito.

La mentalidad de quien piensa que «algún día...»

En la encuesta resultó que las tres pertenencias que más cuesta organizar y tirar son libros, revistas y ropa. Y el principal motivo que nos impide tirar esas cosas es pensar en que quizá «algún día» vayamos a usarlas. Más exactamente, la duda surge con todo aquello que podría continuar usándose. Un alimento podrido o una televisión estropeada nunca nos llevarán a pensar en ese hipotético «algún día».

Todos los objetos que aparecen en las situaciones anteriores todavía sirven. Es posible que si los conservamos surja la necesidad o la ocasión de utilizarlos. Sin embargo, es muy probable que ese día nunca llegue.

En el caso del traje de la situación 1, posiblemente la barriga que habéis adquirido no desaparezca con los años y, en el caso de que logréis adelgazar, ese traje juvenil no os parecerá adecuado para vuestra edad. Y por mucho que las modas siempre vuelvan, ese ligero aire anticuado impedirá que os lo volváis a poner. En la situación 2, cuando al cabo de unos años decidáis comprar una lámpara, encontraréis un catálogo nuevo y mejor; y en la situación 3, los negativos se irán acumulando sin que volváis a tener la necesidad de revelarlos.

Como era de esperar, y dado que no estáis habituados a comer *zarusoba* en casa, el obsequio de boda recibido en la situación 4 no hará más que ocupar sitio en la despensa. En el caso de la televisión de la situación 5, nadie se interesará por ella y al cabo de unos años acabaréis pagando para llevarla al centro de recogida de residuos. Y por último, la caja de cartón de la situación 6 la guardaréis en el trastero junto a otras cosas que seguiréis acumulando.

El caso de la ropa es un ejemplo fácil de entender. Todos hemos experimentado alguna vez esa sensación de abrir el armario, descubrir gratamente una prenda y pensar que por fin ha llegado ese «algún día»... Pero al probárosla os dais cuenta de que no os queda tan bien como pensabais y, por tanto, os la quitaréis. Existe una razón por la que habéis dejado de poneros una prenda o por la que no os ponéis nunca algo que habéis comprado. Si en lugar de pensar en esos motivos os repetís una y otra vez que esa prenda no tiene ningún defecto que os impida ponérosla, la guardaréis y, de ese modo, seguiréis acumulando.

En definitiva, la mentalidad del «algún día» no deja de ser una versión del «qué desperdicio». No queremos tirarlo porque nos parece un desperdicio. Y para guardarlo, nos creamos la ilusión de que algún día lo vamos a necesitar. Pero es poco probable que llegue ese «algún día». Las cosas que usamos con frecuencia, en cambio, las conservamos porque tenemos un motivo y no pensamos ni por un segundo en la posibilidad de que «algún día» podamos necesitarlas.

Si estuviera previsto que en diez años un príncipe fuera a buscar a aquella chica, ella no tendría la necesidad de reforzar su autoestima soñando que «algún día» vendrá a buscarla.

¡Pensad así!

Las palabras mágicas que deshacen el hechizo del «algún día» son las siguientes: «Una cosa que no se ha usado en tres años no es necesaria». Esa «regla de los tres años» puede aplicarse a cualquier objeto cotidiano: ropa, vajilla, utensilios cotidianos, televisión, ventilador, colchones, teléfonos, números atrasados de revistas, cajas vacías... Si han pasado tres años sin que las hayáis utilizado ni una sola vez, seguramente no las volveréis a usar. ¡No dejéis que pasen treinta años en lugar de tres para daros cuenta de que algo no era necesario!

Evidentemente hay cosas para las que ni siquiera hace falta esperar «tres años». Los informes de una reunión o una revista pueden tener un ciclo más corto, por lo que podemos establecer un criterio personal que vaya de los tres meses al año. También es posible que haya cosas que tengan un ciclo superior a tres años. Lo importante es no perder de vista que si hay algo que no utilizamos en un período determinado, es posible que no volvamos a utilizarlo nunca.

Y a riesgo de parecer insistente, vuelvo al ejemplo de la chica: si después de esperar tres años, el príncipe no llega, será mejor que busque la felicidad casándose y formando una familia con alguien más cercano, en lugar de dejar que vayan pasando los años.

4

Lo que es «muy práctico» para algunos puede ser un estorbo para vosotros

¿No habéis tenido nunca la sensación de estar rodeados de cosas «muy prácticas» que no hacen más que dificultaros la vida? Si no os dejáis hechizar por los «objetos prácticos», veréis el auténtico valor de las cosas.

Es fácil caer en la trampa con...

Los utensilios en general, o con los objetos de recambio.

En situaciones así lo que sucede es que...

Los utensilios son objetos diseñados para cumplir una determinada función. Las tijeras sirven para cortar, las ollas para cocinar y los destornilladores para apretar o aflojar tornillos. Como tienen una utilidad muy definida es difícil pensar que queramos tirarlos. Pero precisamente esa «utilidad» es la que conlleva más riesgo.

Situación 1. La licuadora que he comprado en una tienda del centro comercial.
Mi marido siempre come fuera de casa. Debería comer más verduras. Pero las licuadoras no tienen muy buena fama. Siempre acaban en el trastero sin usar. ¿Que las de ahora son diferentes? Las antiguas costaban mucho de limpiar pero ahora son «muy prácticas» y se limpian

fácilmente. Sin duda es sencilla de desmontar. Sí, sólo hay que quitar esto de aquí y listos. Parece «muy práctica». Es perfecta para la salud de mi marido.

Situación 2. La olla térmica que me ha regalado una amiga.
Según me contó, sólo hay que sacarla del fuego y dejarla tal cual para que se termine de preparar un buen estofado, aunque no parece que tenga muchas aplicaciones. Ya sé que se ahorra energía y que para nosotros, que tenemos un bebé en casa, es muy seguro pero... Mi amiga la ha usado durante un año y dice que es «muy práctica». Me fío de su opinión, además las dos cocinamos igual, si ella dice que es «muy práctica» será verdad. Sería una lástima no utilizarla. Quizá cuando el bebé crezca un poco y coma más me sea de utilidad. La guardaré un tiempo.

Situación 3. Las tijeras de podar extensibles de mi vecino.
Me da miedo subirme a una escalera para podar las ramas. Y encima mi mujer no me echa una mano. Fíjate en cómo se las apaña el vecino. Parecen unas tijeras muy útiles. Y mira qué rápido va. Voy un momento a preguntarle. Dice que no requieren fuerza y que son «muy prácticas». Quizá las pruebe. ¿Cómo? ¿Que ya hemos comprado unas? No tenía ni idea. Pero si me dijiste que «no estaban al alcance de mis manos».

Situación 4. El software que me ha instalado un amigo informático.
Ya hace un año que empecé a usar el ordenador. Empecé de cero pero ahora ya lo uso en el trabajo. Pero a

medida que los documentos van aumentando tengo dificultades para recordar dónde los he guardado. Y encima cada vez tengo más documentos en el trabajo. Podría probar el programa de gestión de datos que me ha instalado mi amigo. Por lo visto se encarga de poner fecha y nombre de forma automática y la opción de búsqueda es muy eficaz. Me convenció para que lo instalara porque si utilizas el ordenador en el trabajo resulta «muy práctico». Aunque yo lo encuentro un poco complicado. Quizá si tuviera más nivel me resultaría más práctico. Pero si a mi amigo le resulta práctico será porque es verdad, él sabe mucho de ordenadores. De momento lo dejaré instalado a ver qué pasa.

Situación 5. La comida precocinada que me recomendó una amiga.
Menuda pereza tener que cocinar cuando llego tarde a casa. Es uno de los inconvenientes de vivir solo. Quizá debería comprar aquella comida precocinada de la que me habló Yuko, parece que sólo hay que calentarla al baño maría. Como no caduca pronto no es necesario consumirla enseguida y allí está para cuando la necesites. Es «muy práctica». Vaya, veo que dura un año. Compraré diez paquetes y así ya los tengo.

Situación 6. Los apósitos fríos para la fiebre que usan en la guardería.
Así que éste es el apósito que anuncian para bajar la fiebre. Quizá le vaya bien a mi hijo, que siempre está con fiebre. Si incluso los más pequeños duermen tan tranquilos con el apósito pegado a la frente, seguro que a mi hijo le va bien. Le preguntaré a la maestra qué marca es

mejor. Por lo visto todas son iguales. Dice que si tienes una caja de apósitos en el botiquín te sientes más tranquilo. Haremos caso de los profesionales.

La mentalidad del «muy práctico»

Creo que no hace falta ningún comentario más. Todos hemos experimentado más de una vez que lo que para otros es «muy práctico» para nosotros no tiene ninguna utilidad.

Tampoco sería necesario explicar cómo terminan las situaciones anteriores. En la situación 4 por ejemplo, sólo os digo que al no conocer el funcionamiento del programa de gestión de datos acabaríamos por no usarlo, aunque no por ello dejaría de ocupar espacio en el disco duro. Y en la situación 6, seguiríamos con nuestros hábitos de comer fuera o comprar fideos congelados o instantáneos del supermercado. Al no estar acostumbrados a comer ese tipo de comida precocinada, acabará por caducarse.

Que un producto sea «muy práctico» es un reclamo que se ha empleado desde siempre en la venta piramidal. Pero también es una situación con la que nos topamos muy a menudo en nuestra vida diaria y el hecho de que la persona que nos lo recomienda actúe con buena intención complica más las cosas. Contradecir a esa persona que, pensando en nuestro bien, nos recomienda algo que le ha resultado muy práctico no es fácil. Menos fácil aún es decirle a esa persona «que no lo necesitamos». Puede llegar a perjudicar nuestras relaciones de amistad o a que nos tachen de obstinados.

Ampliemos un poco más el campo de visión y pensemos. Acabada la Segunda Guerra Mundial se vivieron unos años de vorágine de los «objetos prácticos». El «práctico» hervidor de arroz de los fabricantes de electrodomésticos, el «práctico» calentador de las compañías de gas para darse un baño a cualquier hora, el «práctico» portacelo de las empresas de productos de papelería o el «práctico» nuevo modelo de coche de las empresas automovilísticas.

La estrategia del «muy práctico» no se basaba en una amable recomendación, tipo «es muy práctico, ¿por qué no lo pruebas?», sino más bien de una imposición al estilo «es muy práctico, debes probarlo».

Que el síndrome del «muy práctico» sea frecuente en las amas de casa de mediana edad se explica por lo ocurrido en la posguerra. La generación de mi madre, a quien ya he mencionado en la introducción, es especialmente sensible a estas palabras. Y, además, resulta terriblemente contagioso. Si alguien lo recomienda a otra persona, esa persona no puede evitar a su vez recomendárselo a otros. Si me pusiera a contar todas la cosas que tengo porque a mi madre le parecieron «muy prácticas»...

Con ello quiero advertir que cada vez que nos enfrentamos a un nuevo estadio de la vida, es fácil caer en la trampa del «muy práctico».

Cuando un joven entra a formar parte del mundo laboral, su tío le regala un portatarjetas porque es «muy práctico»; cuando nace nuestro primer bebé, la casa se nos llena de toda clase de objetos infantiles «muy prácticos»; y cuando una hija se independiza, su madre le manda ollas y electrodomésticos «muy prácticos». Tras forcejear con los objetos en cuestión para aprender su funcionamiento, no tardaremos mucho en darnos cuenta de que en lugar de ser «muy prácticos», en realidad no son más que un engorro.

Lo cierto es que hay pocas cosas que sean útiles de verdad.

¡Pensad así!

Tras darle muchas vueltas al tema, llego a la conclusión de que para enfrentarnos a esta cuestión debemos aplicar el «conócete a ti mismo». Si somos conscientes de que nosotros somos nosotros y los demás son los demás, sabremos cuándo necesitamos algo y cuándo no. Durante la posguerra, los productos no surgían producto de las necesidades, sino que las empresas creaban nuevas necesidades cada vez que sacaban un nuevo producto. Esas cuestiones pertenecen al campo del *marketing* y no pretendo adentrarme en ese terreno, pero ya va siendo hora de que poco a poco vayamos liberándonos de esta estrategia.

5

No creéis un «santuario»

Un «santuario» es aquel que se venera como si fuese una divinidad y que no debe tirarse bajo ningún concepto. Su valor no se mide según los baremos habituales, como por ejemplo «útil», «no útil», «viejo» o «nuevo». Pero... ¿el valor que les otorgamos es su auténtico valor?

Es fácil caer en la trampa con...

Papeles, documentos, recuerdos, objetos de cierto valor sentimental, productos de alimentación, libros y así sucesivamente.

En situaciones así lo que sucede es que...

Esos objetos «sagrados» siguen un patrón muy definido. Y tienen en común que su propietario nunca cuestiona su carácter sagrado.

Situación 1. Papeles y documentos.
Necesito un secretario. Con mis capacidades organizativas soy incapaz de compaginar diferentes trabajos a la vez. Los clientes me bombardean a faxes a diario y, cada vez que hay una reunión, se me acumulan los informes, por no hablar ya de que tengo que consultar los archivos pasados y la prensa a diario. Además, debo conservar todos los documentos hasta que no finalice el proyecto, por si acaso. Ay, casi tiro esta hoja. Contiene datos que me parecen relevantes, será mejor que lo considere material de consulta y que lo lleve a la próxima reunión.

Situación 2. Objetos con valor sentimental y recuerdos I.
Qué monada era de bebé. Y pensar que llevaba esta ropita... Qué rápido crecen. Pero ya va siendo hora de que se la dé a alguien. El lazo de esta manta es bonito, me lo quedaré de recuerdo. Y el vestido que le regaló mi suegra para visitar el templo también debería conservarlo. Este vestido era su preferido, siempre señalaba con el dedo el osito. Ay, todos me traen tantos recuerdos...

Situación 3. Objetos con valor sentimental y recuerdos II.
La estantería está a rebosar, debería deshacerme de algunos libros. Este estante es crítico. Aquí conservo los apuntes y los libros de la universidad. Dudo que los vuelva a usar. Pero quizá en el laboratorio surja la necesidad de consultarlos. Voy a repasar el contenido. Cuántos recuerdos. Si hasta están subrayados. Qué panzada de estudiar me pegué entonces. Fíjate: «Con M., a las 7 ante la estatua de Hachiko en Shibuya». Debí de apuntarlo mientras hablaba por teléfono. Me pregunto si M. se habrá casado. Cuántos recuerdos me trae. Es bonito poder echarle un vistazo al pasado de vez en cuando.

Situación 4. Alimentos.
Vaya hombre, otra vez se ha echado a perder el jamón de la nevera. A ver cómo está esta carne... Y mira, la leche caduca mañana. Deberías tener un poco más de respeto por la comida. ¿No te enseñaron que no se debe desperdiciar? ¿Es que no te dan pena esos niños que pasan hambre? ¿Y no has pensado en el esfuerzo de los campesinos?

Situación 5. Libros.
¿Cómo? ¿Que vas a tirar estos libros a la basura? Pero espera, los libros hay que cuidarlos. Yo riño a mis hijos cada vez que maltratan un libro.

La mentalidad de quien crea «santuarios»

En primer lugar, quiero dejar en claro que otorgar un carácter sagrado a documentos e informes del trabajo es una indulgencia. Puesto que existen ejemplos fundados en esta mentalidad, me voy a permitir citar uno. Os puede parecer poco oportuno que cite a un autor que escribe sobre métodos para organizar documentos, pero dicho autor, aun siendo muy consciente de la importancia de «tirar» esos objetos, lo único que hace es otorgarles un carácter sagrado.

«Comparativamente, decidir si una prenda, un utensilio o un alimento son necesarios o no es relativamente sencillo. Discernir si algo está podrido o roto es fácil. En general, podemos decidir si un objeto es útil o no basándonos en el aspecto exterior y en las características físicas de dicho objeto. Este libro se ocupa, básicamente, de los papeles, pero incluso en ese terreno es fácil hacer una selección. Por ejemplo, si un pañuelo de papel está usado o si una bolsa de papel está rota, es sencillo llegar a la conclusión de que son inservibles. En ambos casos, no será difícil tomar una decisión porque el papel no contenía información. Pero incluso en el caso de que los papeles contengan información, podemos regirnos por unas normas para tomar una decisión. Por ejemplo un periódico. Los números viejos disminuyen de valor y es muy probable que sean innecesarios. Pero en cambio, con las notas o los documentos es completamente diferente. Aunque estén viejos o rotos pueden resultar de utilidad. Tirarlos por error puede suponer un gran perjuicio.»

Yukio Noguchi, «*Cho*» *seiriho*
[El «supermétodo» de organización]

Tras leer hasta aquí, el lector se habrá percatado de lo tendencioso de este argumento. Si fuera tan sencillo discernir qué prendas, utensilios o alimentos son útiles, ni nuestro hogar ni nuestro lugar de trabajo estarían tan abarrotados de cosas. Lo que ocurre es que estamos rodeados de tantas cosas innecesarias pero que aún se pueden utilizar, que nos cuesta elegir. En este sentido, ocurre lo mismo con los documentos y demás. Aquellos que aceptan el razonamiento ilustrado por Yukio Noguchi, tienden a «santificar» los documentos (o la información que éstos contienen). Y considerar «sagrada» la información que contienen es, precisamente, lo que nos impide gestionarlos.

Es más, mientras un hombre de negocios que santifica su trabajo considere «sagrados» todos los objetos inherentes a su profesión y, en cambio, menosprecie los de su hogar, su lugar de trabajo seguirá abarrotado. El arte de tirar no se limita a una única categoría de objetos. Podríamos, incluso, decir que es una actitud ante la vida.

Cada objeto, ya sea un recuerdo, algo a lo que atribuimos valor sentimental, un alimento o un libro, tiene su motivo para ser «sagrado». Si perdemos información, será difícil volver a recuperarla; si perdemos un recuerdo o un objeto con valor sentimental, no volveremos a recuperarlos jamás. Por otro lado, los libros por ser libros, y los alimentos por ser alimentos, merecen ser tratados con respeto. (No creo que sea necesario analizar con detalle los motivos por los cuales un libro es un libro y un alimento un alimento. Creo que es una simple cuestión de sentido común. Pero aunque encontremos una lógica basada en el sentido común, no es fácil encontrar el fundamento.)

Pero aun así, todo depende únicamente de vuestros valores. Sólo vosotros creéis que algo es intocable. Si no sois capaces de tirar algo es porque dependéis de ello.

¡Pensad así!

Para aquellos que se oponen a este modo de pensar, no me queda más opción que decir «cuando vosotros estéis muertos, todo será basura».

Si creéis que algo tiene valor, mi intención no es entrometerme. Es tan inútil como intentar persuadir a alguien que ha caído en una secta de que esa secta es un engaño. Aunque no volváis a consultar jamás aquellos informes tan meticulosamente archivados, aunque viváis en el pasado rodeados de recuerdos, aunque el suelo esté a punto de hundirse por las pilas de libros, aunque os empeñéis en alimentaros de comida a punto de caducar, si sois felices así, no tengo nada que decir.

Pero cuando vosotros estéis muertos todo será basura. Si ahora fallecierais en un accidente de tráfico, alguien tiraría el álbum que con tanto cariño guardabais y los libros se venderían a peso a una tienda de libros usados. Por tanto, ¿no creéis que sería mejor aligerar vuestra vida antes de morir?

6

Usad todo lo que tengáis

Hay muchas cosas que guardamos sin usar por motivos como «es parte de una colección», «es para invitados» o «es para una ocasión especial». De nada sirve tener algo si no lo usamos.

Es fácil caer en la trampa con...

Libros, revistas, CD, vajilla, ropa, etcétera.

En situaciones así lo que sucede es que...

Si vinculamos a un uso concreto los objetos de un mismo tipo, lo único que hacemos es limitarnos a poseerlos.

Seguro que a todos nos son familiares algunas de las situaciones que se citan a continuación.

Situación 1. Mirando la estantería.
Los libros de Tsutsui Yasutaka que tanto me gustaban de estudiante. La mayoría son primeras ediciones. Pero me gustaron tanto que quise comprar las ediciones de bolsillo para leer los comentarios y, evidentemente, me compré toda la colección. Así que toda esta estantería está dedicada a Tsutsui Yasutaka. Pero prefiero las obras más antiguas. Últimamente me compro sus libros y no los leo. Éste ni siquiera lo he abierto. Y no creo que lo lea. Pero, de todos modos, forma parte de mi colección, lo dejaré donde está.

Situación 2. De visita en casa de mis padres.

Mamá, ¿tomamos un té? He traído pasteles. ¿Dónde están las tazas? Vaya, ¿te has comprado un conjunto de té nuevo? Es muy bonito. ¿Podemos tomar el té en estas tazas? ¿Qué? ¿Que son «para invitados»? Entonces, ¿cuáles usamos? ¿Ésas de ahí? ¿Podemos usar las que antes eran «para los invitados»? ¿No? Ah, porque son sólo para cuando vengan tus amigas. Así que tenemos que usar las viejas tazas de siempre. Ésta está mellada. Haz algo, mamá.

Situación 3. Ordenando los CD.

Cuántos CD tengo. Venderé unos cuantos. La música étnica se puso muy de moda pero ya no los escucho nunca, así que los venderé todos. Mira, uno de Queen. Me encantaba. Éste no lo vendo. Fíjate cuántos de The Doors. Pero si tengo todos los álbumes, aunque en realidad sólo escuchaba estos dos. Quizá debería vender los otros. Pero ya que tengo «la colección completa» sería una lástima. De momento me los quedo.

Situación 4. Abriendo el armario de tu hija.

Así que has quedado para ir a casa de una amiga. ¿Qué te vas a poner? ¿El jersey rojo con el lacito? No, ni pensarlo. Es «para una ocasión especial». ¿Por qué no te pones el de fresas? ¿No? ¿Que quieres el de cuadros? No, ni hablar. No te lo has puesto ni una sola vez. He pensado que podrías estrenarlo para Año Nuevo.

La mentalidad del «no puedo usar todo lo que tengo»

Cuando asociamos todos los objetos similares a un uso específico, lo que hacermos es otorgarles un tratamiento especial. Y en cuanto se les da ese tratamiento especial, ya no podemos volver a tocarlos. Es como tener una fortuna sin aprovechar. Analicemos qué se oculta tras la mentalidad del «forma parte de una colección» o «es para los invitados».

La mentalidad del «forma parte de una colección» es la mentalidad del coleccionista. La perfección y la belleza de la serie completa es lo que se busca. Por ejemplo, sería normal que nos sintiéramos incómodos si de los quince volúmenes que conforman una colección de libros nos faltara uno.

Tener toda la colección de algo no aporta más valor real que saber que tenemos «la colección completa». Apreciar su valor entra en el terreno del coleccionismo. Si nos obsesionamos en tener toda la colección, no habrá nada que hacer.

Las obras de un autor preferido o los números viejos de una revista son ejemplos comunes. Y en estos casos, la única solución posible es deshacernos de «la colección completa» o dejarla intacta.

Pensar que algo tiene más valor por «formar parte de una colección» tiene sus riesgos. «Formaban parte de un juego de cinco piezas. Si tuviéramos el juego completo, el valor sería mucho más alto...» Si nos dejamos convencer por las palabras de un anticuario que, al calcular el valor de un objeto, pronuncia frases como la que acabo de citar, caeremos en la trampa.

Algo similar sucede cuando algo es «para los invitados». Esas cosas reservadas «para los invitados» suelen ser juegos que al estar «completos» nos aportan una sensación especial. Puede ocurrir que si nos quedan sólo cuatro tazas de un conjunto de seis, acabemos degradándolas a un uso diario.

¡Pensad así!

Usad todo lo que tengáis y, por el contrario, liberaos de todo lo que no uséis. ¿Por qué tenéis que tener «la colección completa»? Por ejemplo, de una colección entera de libros, ¿por qué no conservar sólo aquéllos que queréis leer? No es necesario conservar toda la colección si no tenemos intención de leerla. Es posible que luzca más, pero ¿quién va a mirar vuestra librería además de vosotros mismos?

A menos que estemos hablando de cierta posición social, si lo que queréis es invitar a vuestros amigos de confianza a tomar el té, no es necesario tener un juego «para invitados». Utilizad a diario la vajilla que os guste y disfrutadla. En lugar de tener cinco tazas de uso diario y cinco tazas de invitados, es mejor que compréis sólo cinco tazas que os gusten. Ocuparán menos espacio, os costarán menos y, si se os rompe una, sólo tenéis que reemplazarla.

No nos empecinemos en tener el conjunto «completo» y compremos sólo aquello que necesitemos. Sentir que ésa es nuestra «colección completa» es, en mi opinión, una forma más honesta de vivir.

Lo mismo ocurre con la ropa. Ahora ya no existe mucha diferencia entre la ropa de diario y la ropa para las ocasiones especiales, por lo que no es necesario hacer tal distinción. Es un desperdicio dejar que se apolille una prenda que sólo nos hemos puesto una vez.

7

No os fiéis de los «métodos de organización» ni de «los métodos de almacenaje»

Para los objetos cotidianos, las mujeres se muestran partidarias de «los métodos de almacenaje», mientras que para los documentos e informes, los hombres prefieren «los métodos de organización».

Un lugar organizado sistemáticamente nos puede parecer espacioso y funcional. Pero debemos ser conscientes de que antes de organizar y almacenar, el primer paso es empezar a «tirar».

Es fácil caer en la trampa con...

Armario, estantería de la cocina, alacena, nevera, librería, archivador y cualquier lugar destinado a almacenar.

En situaciones así lo que sucede es que...

Hay muchos programas de televisión para amas de casa en los que aparece «una experta en almacenaje» que muestra las técnicas que ella misma aplica en su cocina. Últimamente parecen haber disminuido, pero siguen teniendo mucho éxito. En las revistas de venta por catálogo los «productos de almacenaje» ocupan una amplia sección. En cambio, los hombres prefieren los métodos de organización, ya sea en el ámbito de los documentos, del despacho o de los archivos del ordenador, y las librerías están a rebosar de libros de esta temática.

Situación 1. Hojeando una revista de venta por catálogo.
Un mueble de quince centímetros de ancho... ¡Es perfecto! Es justo el espacio vacío que queda entre la nevera y la alacena. Va que ni pintado. Podría poner los botes de las especias y las salsas que se amontonan encima del fregadero y me quedaría más despejado. Y también podría poner los libros de cocina para tenerlos a mano.

Situación 2. Mirando la televisión.
Así que para ordenar el estante de alimentos desecados es importante reunir contenedores del mismo tamaño. Claro, así caben más. Y si los etiquetamos, sabremos enseguida qué contienen. Y yo que aún guardo en la caja las cosas que no me caben en los contenedores. Al final acaban siempre humedeciéndose. ¿Cuántos contenedores necesito? En esta estantería me caben como mínimo diez. De momento compraré diez.

Situación 3. Al abrir el armario empotrado.
Los productos de almacenaje para armarios están muy bien pensados; es como si los fabricantes conocieran perfectamente nuestras necesidades. Es un gustazo poder aprovechar al máximo el espacio, tanto de ancho como de fondo. Tengo que admitir que, de esta forma, el armario queda mucho mejor organizado. En el cajón de la derecha tengo las toallas, en el del centro la ropa interior y los pijamas. Y en el cajón de la izquierda guardo las herramientas y las cintas adhesivas. Es fantástico porque hay tanto espacio que caben un montón de cosas.

Situación 4. De regreso de una librería.

Me he vuelto a comprar un montón de libros. Y eso que la estantería de libros está al límite. Tal vez debería comprarme otra estantería sólo para los libros de bolsillo. Si los pongo por editoriales será más sencillo. Con los de tapa dura, en cambio, ya no me basta con ordenarlos por autor. Quizá podría hacer como en las bibliotecas y clasificarlos por temática: literatura japonesa, literatura extranjera, ciencias sociales, ciencia, manuales... Así será más fácil de ordenar pero también de buscar. Tiene que ser efectivo, seguro que por eso las bibliotecas emplean este método de organización.

Situación 5. De regreso a mi mesa tras una reunión.

Últimamente en las reuniones hay gran cantidad de documentos impresos. ¿Será porque con los ordenadores es fácil imprimirlos? Bueno, será mejor que los guarde. Ya no me preocupa que aumenten. Ahora sigo el método X de organización. Sólo tengo que seguir el índice. Es muy sencillo. Mira qué ordenada está esta estantería. Es del todo profesional. Es como si fuera otro, no tiene nada que ver con el desorden que reinaba en mi mesa hasta hace poco.

La mentalidad de «los métodos de organización» y de «los métodos de almacenaje»

Los métodos de organización y de almacenaje pueden llevarnos a caer en un engaño que puede contemplarse desde dos puntos de vista.

El primero es que se trata de algo «prestado». A los expertos en organización y almacenaje les gusta ser muy metódicos a la hora de realizar dichas tareas. Podríamos decir que va con su carácter y que por eso han podido establecer un método. Pero como su carácter no es igual que el nuestro, en cierto modo fracasaremos al intentar aplicar el método que ellos han creado.

En realidad, escucho a menudo protestas del tipo: «He probado diferentes métodos de organización, pero no consigo poner los documentos en orden. Soy un desastre». El problema no está únicamente en la falta de voluntad, sino en que el método que se emplea no encaja con el carácter de la persona que lo está aplicando. En la mayoría de los casos no es posible llevarlo a cabo sin que suponga un sacrificio.

¿Y qué ocurre con los métodos aparentemente universales que se emplean en ramas como la biblioteconomía o la historia natural? ¿Es posible aplicarlos a nivel individual? Es el caso de la situación 4.

Tanto las bibliotecas como los museos de ciencias naturales, son entidades que emplean métodos sistematizados para guardar gran cantidad de material. Y en ellas trabajan profesionales especializados en el orden. También existen profesionales como los secretarios, que están especializados en organizar la agenda y los documentos de otras personas. Así pues, para aprender a organizar y almacenar de forma sistematizada es necesario haberse formado y, por lo tanto, esas técnicas no son aplicables a nivel individual.

En la mayoría de casos, sin embargo, no recurrimos a estas técnicas especializadas. La mayoría de métodos de organización y almacenaje que queremos aplicar a nuestra vida cotidiana se basan en el «yo lo hago así». Pero evidentemente, lo que le funciona a una persona no tiene por qué funcionarle al resto del mundo. Pongamos por ejemplo el método para organizar los alimentos desecados de la situación 2, o el método X de la situación 5; no hay duda de que al cabo de un tiempo todo volverá a estar igual que antes.

Pero llegados a este punto, quizá os planteéis: «¿Qué ocurre entonces con tu "método para tirar"?». Lo primero que tenéis que comprender es que existe una diferencia de planteamiento. Partimos de la premisa de que «organizar» y «guardar» es bueno, y estos métodos están pensados para enseñar normas teóricas a aquellas personas que desean poner orden pero no saben cómo. Pero el «método para tirar» es diferente. En la actualidad tenemos una visión negativa del acto de «tirar», por lo que mi objetivo es huir de esta imagen e inculcar la importancia de adquirir las técnicas necesarias para aprender a tirar. Sólo entonces podremos reflexionar sobre el valor de «poseer un objeto».

Dejemos de lado las justificaciones y pasemos al segundo punto de vista. Mediante estos métodos de organización y almacenaje, caemos en la trampa de guardar prácticamente cualquier cosa, sin antes habernos planteado siquiera si era necesario conservarla o no.

He aquí la amarga experiencia de un arquitecto:

«La mayoría de casas tienen armarios empotrados y un trastero, pero las esposas siempre suelen insistir en la necesidad de esos elementos cuando se diseñan los planos. En una ocasión incluso llegamos a diseñar cinco trasteros en una sola casa, porque decían que tenían que guardar muchas cosas. Pero de nada sirvió, porque después la casa seguía abarrotada de cosas. En la naturaleza es común que los animales acumulen cosas y que tras ocultarlas olviden dónde están. Pero en los humanos, las mujeres son unas especialistas (Nota de la autora: ¿No será prepotencia masculina?). Lo cierto es que a las amas de casa les encantan los armarios empotrados y los trasteros porque al cerrar la puerta el desorden queda oculto. Pero nosotros sabemos mejor que nadie que por más espacio que yo pueda crear, acabarán llenándolo en seguida de objetos que van comprando y acumulando.»

Mayumi Miyawaki, *Otoko to onna no ie*
[Casas de hombres y mujeres]

En ocasiones, por motivos de trabajo, tengo la oportunidad de escuchar conversaciones de empresas constructoras. Todos coinciden en decir que las viviendas con mucho espacio para almacenaje son las que tienen más éxito. Y es en estos amplios espacios donde colocamos muebles de almacenaje en los que, basándonos en métodos, guardamos un montón de cosas que se irán acumulando. Podemos prever que el armario rinconero de la cocina de la situación 1 acabará abarrotado de toda clase de enseres de cocina, y que en el armario empotrado de la situación 3 se seguirán almacenando objetos hasta que esté a rebosar. Los documentos tampoco serán una excepción.

¡Pensad así!

¿Cuál debería ser entonces el planteamiento? Demos un giro de 180 grados al enfoque y supongamos que necesitamos los métodos para organizar y almacenar porque tenemos demasiadas pertenencias. Si tuviéramos menos cosas, ni siquiera tendríamos que recurrir a esas normas teóricas.

Tal y como podemos concluir a partir de la anterior cita de Miyawaki, los objetos están predestinados a aumentar hasta llenar los espacios de almacenamiento. Las personas que viven rodeadas de libros, hasta el punto de que ya no saben qué hacer con ellos, volverán a llenar una estantería en cuanto la compren y los libros acabarán otra vez apilados en el suelo o en las escaleras. Lo mismo ocurre con la ropa; lo único que conseguiremos teniendo más armarios es guardar más ropa sin usar. Si lo que queremos es orden, no lo conseguiremos mediante métodos ni técnicas si nuestras pertenencias no dejan de aumentar. No existe ningún método que permita organizar el exceso de objetos.

Por más que intentemos ordenar un armario repleto de ropa con prácticas técnicas de almacenaje, el armario continuará repleto, a menos que la cantidad de ropa disminuya.

La obra *«Cho» seiriho* de Yukio Noguchi, que he citado previamente, marcó un hito al afirmar que «la solución al desorden no estaba en la clasificación» y propone en su lugar un método teórico basado en un eje temporal. En mi opinión, no difiere de los demás métodos que pretenden poner orden mediante una serie de normas técnicas. Además, Noguchi ideó «una solución para "taponar" temporalmente el acto de tirar», pero como ya he comentando, está claro lo que sucede cuando se clasifican las cosas siguiendo una jerarquía de ese tipo.

En conclusión, la mayor trampa que nos tienden los métodos para organizar y almacenar es que se centran en disfrutar del mantenimiento del orden. Estaría bien poderse conformar con mantener el orden pero si queremos evitar que lo objetos continúen aumentando debemos aprender a tirar de una forma más activa.

Si tuviéramos menos pertenencias, podríamos gestionarlas de forma natural sin tener que ordenarlas o almacenarlas. Incluso podríamos llegar al extremo de que los objetos «desordenados» se vieran bien. Posiblemente penséis que esto no incluye los documentos u otros papeles, pero aparte de los investigadores que necesitan un gran número de informes, la cantidad de documentos que maneja una escritora como yo pueden administrarse bien aunque estén «desordenados».

Como no se me da muy bien limpiar ni ordenar, no ordeno mi despacho de forma sistemática pero al tener únicamente los documentos necesarios, suelo encontrar lo que necesito buscando únicamente en dos o tres sitios. Y con eso me suele bastar.

Por último, os presentaré una manera de pensar en la que sí se aplica eficazmente un método de organización y almacenaje. Se trata de la opinión de quien ha elegido un estilo de vida simple.

«En algunas ocasiones he probado a aplicar los métodos de organización y almacenaje que aparecen en libros y revistas, y que prometen un "almacenamiento perfecto" sin tener que tirar nada. Pero con ello lo único que conseguí fue cambiar las cosas de sitio y seguir teniendo las mismas cosas. [...] Finalmente, me propuse seriamente deshacerme de todo aquello que fuera innecesario. [...] Concluí que el 80 % de las cosas que tenía en el escritorio eran innecesarias y me propuse tirarlas [...] Tirar resultó más doloroso de lo que imaginaba, e incluso llegué a sentirme culpable. Pero tras dudar y darle muchas vueltas, fui tirando y me quedó sólo "lo que es realmente necesario para la familia". Es más, el sufrimiento que experimenté tirando hizo que me lo pensara dos veces antes de comprar cosas a la ligera y que tuviera cuidado de todas aquellas pertenencias que son realmente necesarias.»

Eriko Yamazaki, *Setsuyaku seikatsu no susume.*
[Recomendaciones para un estilo de vida ahorrativo.]

Las personas que reflexionan sobre el verdadero sentido de poseer un objeto comprenden sin duda estas palabras. Si de algo sirve tomar prestado un método de almacenamiento ajeno, es para darse cuenta de que con ello no conseguiremos encontrar el orden.

Para acabar, últimamente están de moda los métodos que proponen aprender de estilos de vida extranjeros, como la *simple life* (vida sencilla) que se ha puesto de moda en el Reino Unido. El hecho de que Eriko Yamazaki haya puesto en práctica ese concepto de *simple life* tomando como ejemplo el estilo de vida alemán y haya abierto los ojos a una manera más coherente de relacionarse con los objetos es útil, pero creo que no resulte factible introducir sin más un estilo de vida de otro país. Y por mucho que el estilo de vida estadounidense, basado en el consumismo, no funcione, debemos dejar de buscar modelos de otros países.

8

Empezad pensando que «esto se puede tirar»

Tras haber presentado los siete primeros estados de ánimo, es el momento de ser conscientes del octavo, que se basa en la siguiente idea: «Esto se puede tirar».

Cuando algún objeto nos llame la atención, intentemos considerarlo como algo «que se puede tirar».

Se puede aplicar a...

Absolutamente todo lo que entra en nuestro campo visual y todo lo que nos cae entre las manos. Encajan, especialmente, todas aquellas cosas a las que no damos importancia.

En las situaciones así lo que sucede es que...

Llevar a cabo esta idea es fácil. Sólo hay que plantearse que todo aquello que vemos «se puede tirar». Las siguientes situaciones ilustran la actitud de aquellas personas que no se plantean nunca que las cosas «se pueden tirar».

Situación 1. Al ver un sobre encima de la mesa del comedor.
Está abierto. ¿De qué será? La factura del teléfono. Este mes ha subido la factura más de la cuenta. Quizá deberíamos plantearnos cambiar a una compañía más económica. ¿Y qué es este fajo de papeles que hay dentro?

¿Propaganda de otros servicios? Quizá le interese a mi mujer. Si está aquí será por algo. Lo dejaré donde estaba.

Situación 2. Cae un fajo de postales de Año Nuevo de la caja de la correspondencia.
Son del año pasado. Se ve que se quedaron aquí. Al repasarlas, me doy cuenta de que hay personas a las que hace más de diez años que no veo. No comprendo esa manía que tienen de mandar fotos de sus hijos. Vaya, ya he perdido bastante tiempo mirándolas. Las volveré a meter en la caja.

Situación 3. Sacando vasos de la alacena.
No sé qué vasos sacar para la cerveza. Siempre dudo, pero creo que éstos son los que van mejor. Ay, casi vuelco los vasos de al lado. Son unos vasos de propaganda. Como llevan la marca de cerveza no los uso nunca. Pero ya que tengo el conjunto voy a guardarlos.

Situación 4. Trabajando con el ordenador.
Ahora que he aprendido a usar Internet, qué práctico resulta todo. Ya no tengo que ir a Kasumigaseki sino que puedo consultar las estadísticas desde casa. Las imprimiré. Para analizarlas en detalle prefiero ver los números en papel en lugar de la pantalla. Ya está. Guardaré esta hoja en el archivo, así si necesito consultarla de nuevo no tendré que volver a hacer una búsqueda.

Situación 5. Esquivando las revistas esparcidas por el suelo.
Menudo desorden. Ayer casi las piso. ¿Quién las habrá dejado ahí? Yo, ¿quién iba a ser? El número del mes pa-

sado. No recuerdo si lo acabé de leer. Lo dejaré encima de la mesa.

La mentalidad de quien no consigue considerar un objeto como «algo que se puede tirar»

Cambiar una situación requiere energía. Dejar las cosas tal como están es lo más cómodo, porque no hay que hacer absolutamente nada.

Al encontrar algo que estábamos buscando, o algo que necesitábamos usar, lo cogeremos enseguida para cumplir nuestro objetivo. Si el objeto estaba en su lugar correspondiente, no nos llamará la atención. Pero si en cambio al ver algo pensamos «fíjate en lo qué he encontrado aquí», habrá un motivo para ello.

Puede que nos llame la atención encontrar algo fuera de su lugar y, en este caso, lo único que hay que hacer es guardarlo donde le corresponda. Si encontramos un rollo de papel higiénico en el comedor nos llamará la atención. Si vemos el abono del tren encima de la lavadora nos preguntaremos qué hace allí. ¿Devolverlo al lugar que le pertenece o dejarlo donde está es lo único que diferencia a una persona ordenada de otra que no lo es? No, porque si esas cosas nos llaman la atención y nos provocan una sensación molesta o desagradable, entonces es muy probable que se trate de algo «que se puede tirar tranquilamente».

Lo mismo ocurre cuando cogemos un objeto para examinarlo. Si tenemos claro que hay que dejarlo donde está o sabemos dónde guardarlo, no hay ningún problema. Pero si por un instante nos entra la duda de qué hacer con él, entonces puede que se trate de un objeto que se puede tirar sin más.

Todas las cosas que han aparecido en las situaciones anteriores (factura de la luz, postales de Año Nuevo, vasos de propaganda, una hoja impresa, revistas) se pueden tirar tranquilamente. Algunas de las cosas que nos llaman la atención son claramente basura, pero dado que creemos que tienen un valor –por indefinido que sea– acabamos por olvidar que tenemos la opción de tirarlas, que es lo que habría que hacer de inmediato.

¡Pensad así!

Cuando algo os llame la atención, es el momento de tirarlo. Si no lo hacéis, apartaréis la vista de esas cosas y las seguiréis conservando hasta que os vuelvan a llamar la atención.

En ese sentido, los japoneses tenemos una costumbre que nos viene aquí al pelo. Se trata de la limpieza general de fin de año. En la actualidad, se ha convertido en una ocasión para liberarse de todas aquellas cosas que se han ido acumulando a lo largo del año. Se va limpiando tanto el interior como el exterior de la casa mientras se va sacando a la basura todo aquello que no queremos. Se trata, pues, de una costumbre que nos permite ir viendo lo que tenemos y preguntarnos si se podría tirar. Si os fijáis en las montañas de basura que se forman en esos días, os daréis cuenta de que lo que digo no es del todo exagerado.

9

No temáis estar cometiendo una locura

Pensar que quizá lleguemos a arrepentirnos o a lamentarlo nos frena a la hora de tirar algo. Pero... ¿de verdad podemos tener un problema grave si tiramos algo?

Es fácil caer en la trampa con...

La mayoría de las categorías que coinciden en gran medida con los objetos «sagrados»: documentos, recuerdos, objetos con valor sentimental, libros... Pero también puede afectar a otros objetos.

En situaciones así lo que sucede es que...

Arrepentirse de haber tirado algo que no se debía tirar es, quizá, lo que más temen las personas incapaces de tirar. A continuación expondré una serie de situaciones ficticias que ilustran esos temores.

Situación 1. En la mesa de trabajo.
Qué extraño. No está. ¿Cuándo hice aquel trabajo? ¿Fue el año pasado? Pero no lo encuentro en el archivo del año pasado. Si encontrase ese documento, me iría muy bien para el trabajo que estoy haciendo actualmente. ¿Qué hice con él? Espera, ahora que lo pienso... Cuando terminé el trabajo pensé que ya no lo volvería a necesitar y lo tiré. Ahora «me arrepiento», no tendría que haber tirado aquellos documentos.

Situación 2. Hojeando la agenda de direcciones.

¿Cómo? Estoy convencido de que la señora X se fue a trabajar a Kyushu pero sólo tengo la dirección de Osaka. Ahora me acuerdo, me suena haber tirado la postal con su nueva dirección en la limpieza general de fin de año, porque pensaba que ya la había copiado. Ahora «me arrepiento». Quizá en las tarjetas de Año Nuevo que me escribía... Ay, también las acabé tirando. No debería haberlo hecho, ahora ya no sé cómo ponerme en contacto con ella.

Situación 3. Conversando con mi hijo.

Caramba, ¿esto tan complicado hacéis en la clase de dibujo lineal? A ti siempre se te han dado bien las manualidades. Recuerdo que en quinto tu tutor solía alabar tus trabajos. Sí, sí, aquel Godzilla estaba muy bien hecho. Me acuerdo muy bien. ¿Qué? ¿Que lo quieres volver a ver? Ay, no sé si lo guardamos... Se lo preguntaremos a tu madre. Ah, claro, lo tiramos cuando hicimos el traslado. Lo siento, no debería haberlo tirado. Ahora «me arrepiento».

Situación 4. Hablando con un amigo.

No tenía ni idea de que se hubiera agotado la edición de aquel libro. Si lo hubiese sabido no lo habría vendido en la tienda de libros usados. Pensaba que no lo volvería a leer... Como él siempre me dice que venda los libros que no quiero, me convencí. Creo que no me dieron ni 100 yenes por él. Si lo vendiese ahora me darían por lo menos 1000. Qué rabia. Debería habérmelo quedado, los libros de ediciones agotadas tienen valor. «Me arrepiento» de haberle hecho caso.

Situación 5. Charlando con el jefe.

¡Vaya, hombre! Pensaba que no necesitábamos las facturas de la semana pasada. Como me dijo que no podíamos cargarlas a los gastos de empresa, no me quedó más remedio que pagarlas a regañadientes de mi propio bolsillo. Pero de nada sirve que ahora me diga que puedo traer los recibos. Te juro que cuando los tiré tuve un mal presentimiento. ¿Y ahora qué?

Situación 6. Un gélido día de invierno.

Qué frío ha hecho hoy. Parecía que estuviéramos en Hokkaido. El hielo no se derretía ni en plena ciudad. A ver la predicción de mañana. ¿Que van a bajar aún más las temperaturas? Con lo mal que aguanto el frío. Recuerdo que tenía un anorak de plumas de cuando estudiaba. Creo que lo guardé pensando que quizá algún día me lo volvería a poner. «¿Sabes dónde está aquel anorak de plumas?» «Lo tiré hace tiempo. ¿Te acuerdas de que te lo pregunté y me dijiste que podía tirarlo?» Vaya, hombre, por eso odio tirar cosas. Le dije que quizá me lo volvería a poner «algún día» y ella me dijo que «ese día» no llegaría nunca. Pues ahora «me arrepiento» porque «ese día» era hoy.

La mentalidad del «ahora ya no tiene remedio»

La mentalidad del «ahora ya no tiene remedio» es la que adoptamos cuando algo es irremplazable. No hay duda de que si resulta imposible volver a recuperar algo que es totalmente necesario, tenemos un problema. Pero pensemos, ¿qué cosas concretas resultan tan imprescindibles? ¿Se os ocurren algunas?

A mí se me ocurre por ejemplo el anillo de boda. Si lo perdiese sería un problema. O el legado que me dejó mi padre y que prometí cuidar toda la vida. O la agenda repleta de anotaciones. Si la perdiese palidecería. Y si perdiera el monedero también tendría un disgusto.

¿Qué ocurre con los documentos? ¿Es cierto que «las notas o los documentos [...] aunque estén viejos o rotos pueden resultar de utilidad? Tirarlos por error puede suponer un gran perjuicio» («*Cho*» *seiriho*, Yukio Noguchi). Si es cierto que no podemos volver a recuperarlos de nuevo, puede tratarse de una situación grave. Me parece más verosímil que esos objetos desaparezcan porque los perdamos por descuido o porque nos los roban, pero en ningún caso porque los hayamos tirado. En ese sentido, no forman parte de la categoría de «cosas que se pueden tirar», que es de la que se ocupa este libro.

Y si forman parte, ¿por qué entonces decimos que ya «no hay remedio»? Reflexionemos mientras analizamos en cada situación los motivos que nos llevan a arrepentirnos de haber tirado algo que pensábamos que se podía tirar.

En la situación 1, resulta que hemos tirado una documentación que nos puede ser de utilidad. Volver a crearla requiere de una gran dedicación. Además, difícilmente se podrá volver a reunir tal cantidad de datos sustanciosos. En ambos casos, «ya no hay remedio». Pero en la práctica, la documentación de casos pasados no suele ser de gran utilidad. Incluso en mi caso, que trabajo manejando datos, difícilmente volveré a recurrir a la misma documentación, pues en cada caso, los datos se han reunido para satisfacer un enfoque específico. Y por encima de todo, la documentación realmente importante la tendremos presente enseguida en forma de «la documentación de aquel centro de investigación» o «el fenómeno de tal año». Pensar que hojeando una documentación que apenas recordamos conseguiremos extraer datos de utilidad no es más que un consuelo. Comprendo perfectamente que alguien que esté muy ajetreado quiera escatimar esfuerzos, pero dudo que la pérdida de esta documentación fuese de gran importancia.

El caso de la agenda de direcciones de la situación 2 es muy simple. Siempre hay amistades comunes a quienes poder preguntar o también se puede recurrir a la empresa donde trabaja esa persona con la que queremos contactar para que nos faciliten sus datos. En este caso el problema también está en tratar de escatimar esfuerzos.

En la situación 5, nos enfrentamos a la sensación que se experimenta al haber perdido un recuerdo, en este caso el trabajo manual de nuestro hijo. No entraré en muchos detalles porque ya he tratado el tema de los recuerdos y objetos con valor sentimental en el capítulo 5, cuando hablábamos de objetos «sagrados». Sin duda es una lástima, pero si nos apena demasiado su pérdida, no nos quedará más opción que guardarlo absolutamente todo. ¿Y es eso lo que queremos? Últimamente, ha surgido la polémica sobre aquellos padres que graban en vídeo, de comienzo a fin, los eventos deportivos o las representaciones escolares de sus hijos. ¿Qué se obtiene de grabarlo todo? ¿Es que acaso la grabación en sí es el recuerdo?

En la situación 4, la del libro de la edición agotada, es una opción personal. Pero creo que tirar un libro que no se lee, aunque sea un libro agotado y por tanto tenga cierto valor, es la opción correcta.

En cuanto a las facturas de la situación 5, al haberlas tirado «ya no hay remedio» desde el punto de vista económico, pero no se trata de una situación ni mucho menos irreparable. Y la cantidad, por supuesto, no es muy grande.

El anorak de plumas de la situación 6 escenifica el arrepentimiento que sentimos al ver que el temible «algún día» ha llegado. Sentimos rabia por haber tirado algo que pensábamos que quizá volveríamos a usar y comprobar que, efectivamente, podríamos haberlo usado. Pero si en su día lo tiramos fue porque no nos daba rabia deshacernos de él. Si no lo hubiéramos tirado, tal vez después de esta ocasión no hubiéramos encontrado el momento ni la necesidad de volver a usarlo. Por lo que ¿habría valido la pena ocupar espacio en el armario con un anorak de plumas que nunca nos ponemos?

¡Pensad así!

En general, son muy pocas las situaciones en las que podemos tener problemas por haber tirado algo. Si así fuera, no lo habríamos hecho. Es importante que estéis convencidos de ello.

No dejemos que el temor a arrepentirnos nos domine. Y esa idea no debemos limitarla a los objetos: en el momento de decidir algo, jamás debéis pensar «¿Y si fracaso?» o «¿Y si luego me arrepiento?». Si continuáis tomando vuestras propias decisiones y tirando, no os arrepentiréis de nada. Ya lo veréis.

10

No aspiréis a la perfección

Por último me gustaría proponeros otra idea: «No os compliquéis». Los nueve capítulos que he desarrollado hasta ahora son un conjunto de argumentos idealistas. Si los ponéis en práctica seréis capaces de tirar cosas, pero ni siquiera yo soy capaz de cumplirlos todos. Por eso me gustaría que pusierais en práctica las técnicas con las que os sintáis más cómodos, dentro de vuestras posibilidades.

Es fácil caer en la trampa con...

Cualquier objeto que nos preocupe en nuestro día a día.

En situaciones así lo que sucede es que...

Cuando penséis que no se puede seguir así o que tal idea es extraordinaria, abriréis los ojos a la posibilidad de cambiar vuestra situación actual y entonces ya no habrá marcha atrás.

Situación 1. Leyendo un libro sobre cómo organizar vuestro propio despacho.
Éste es mi despacho ideal. Es funcional, un cuarto para hombres. Ojalá tuviera un despacho así. Disfrutaría más de la casa. Pero con sólo tres habitaciones es un sueño inalcanzable. ¿Por qué los niños tienen cada uno su propia habitación y yo tengo que conformarme con una mesa de escritorio en un rincón del dormitorio? En un

espacio tan pequeño es imposible desarrollar mis dotes administrativas. Y encima la mesa está rodeada de montañas de libros y documentos. Si la casa fuese más grande... Qué se le va a hacer. Tendré que conformarme con este rinconcito.

Situación 2. Una madre va de visita a casa de su hija.
No lo entiendo. Con lo limpia y ordenada que es tu hermana pequeña y lo desordenada que eres tú. De mí dicen que se me da bien guardar las cosas, y en mi familia no hay nadie que sea como tú. Siempre que vengo hay cosas amontonadas en el suelo. ¿Que todas esas cosas las necesitas? Pues entonces deberías recogerlo un poco. No te enfades. Está bien, no pienso tocar nada. Después no quiero que me eches la culpa de que te falta esto o lo otro. Vale, vale, ya me voy. Siento haberte molestado.

Situación 3. De regreso a la oficina.
Las oficinas que hemos visitado hoy eran inmensas. Cada empleado disponía de un ordenador y de una mesa enorme; parecía una de esas oficinas que salen en las series. Con lo grandes que son los escritorios no tendrán dificultad en archivar los documentos, y por eso está todo tan ordenado. Pero en cambio en nuestra empresa, tenemos que compartir las mesas entre dos. ¡Aaah! Me ha caído encima una montaña de informes de la mesa de al lado. Ten cuidado, podrían haberse mezclado. Aunque yo no soy quién para quejarme. Tengo la sensación de estar rodeado de una muralla de papeles y yo en el centro, protegiendo el poco espacio que me queda. Ojalá tuviéramos nosotros también aquellas me-

sas tan bonitas. Con las que tenemos aquí ni siquiera vale la pena ponerse a ordenar.

Situación 4. Revisando la alacena.
Me doy cuenta de que gran parte de la vajilla que tengo no la uso. Aprovecharé para poner un poco de orden. Cuando vea algo que no quiero lo tiraré sin pensarlo mucho. Mira, ya sólo queda un plato de este conjunto. Le tenía mucho cariño. Pero como no lo quiero lo voy a tirar. Y este bol lo habíamos usado mucho. Ahora ya casi nunca lo usamos porque mi marido ha dejado de beber sake, pero antes le servía aquí algo para picar. Como ya no lo necesitamos lo voy a tirar. Vaya, ya llevo aquí dos horas y aún me falta la mitad. Estoy agotada. Ya no puedo más. Lo que queda lo dejo para otro día. Hay que ver qué cansado resulta tirar.

La mentalidad de «la búsqueda de la perfección»

Como ya he comentado cuando hablaba de los «métodos de organización» y de los «métodos de almacenaje», existe un riesgo a la hora de «tomar prestadas» ciertas normas, y en definitiva, cada uno vive según la manera que le resulta más conveniente. De forma inconsciente adoptamos maneras de hacer que nos resultan más cómodas. Aunque estemos conformes con los valores de otros, adoptarlos requiere de un esfuerzo psicológico y aunque nos esforcemos para llevarlos a cabo probablemente no lo consigamos.

Tomemos por ejemplo la hija que aparece en la situación 2. Para ella, su manera de gestionar los objetos es ésa. Como ella misma afirma, todo lo que tiene «es necesario». Lo que ocurre es que está desordenado y la madre, que no aprueba el desorden, exige a la hija que tenga la casa como ella cree que hay que tenerla. Sin dudas. La hija también cree que tener las cosas ordenadas es positivo, pero para ella el desorden es natural. Según la madre, hasta que la hija no tire toda la basura y todo lo que no sirve, no conseguirá nada. La madre, pues, aspira a «la perfección» y por eso su hija se enfada con ella y acaban peleándose.

En la situación 1, si aquella persona fuera capaz de poner orden al pequeño rincón que tiene como despacho, ya lo habría hecho. No se trata de la falta de espacio, sino de la incapacidad de su propietario a la hora de poner orden. Contemplar con envidia el despacho «perfecto» sintiéndose asqueado de su propia situación no cambiará nada.

Lo mismo ocurre con la mesa escritorio de la situación 3. En lugar de envidiar la amplia y elegante mesa de la oficina «perfecta», sería mejor que redujera a la mitad los documentos que se apilan en su propia mesa. Aun así, yo también he experimentado la misma sensación. Cuando la diferencia entre la situación «perfecta» que imaginamos y la situación actual es tan grande, se esfuman las ganas de ordenar y, tras perder la ilusión, acabamos acumulando aún más cosas.

En la situación 4, si intentásemos organizar la alacena a diario, la tarea no sería tan pesada. Si cada vez que abrimos la alacena y viésemos algo que no queremos lo tiráramos, sería más sencillo. Pero si queremos poner orden de golpe y alcanzar la «perfección», resultará agotador.

Puede que lo opuesto a la «perfección» no sea «dejar algo a medias», sino la «resignación» y la «holgazanería».

¡Pensad así!

La hija que se siente a gusto con el «desorden» no puede transformarse en la madre amante del «orden». Lo mismo ocurre con el hombre que tiene el despacho en un rincón, pues no puede aspirar a tener un despacho de revista, del mismo modo que una pequeña estantería de libros no se puede transformar en una biblioteca.

Como ya he mencionado antes, seleccionar qué cosas queremos tirar nos hace reflexionar sobre la razón de poseer las cosas y sobre el modo en que queremos vivir. En ese sentido, está bien que haya opiniones para todos los gustos.

Cada uno debe vivir a su manera para sentirse a gusto. No es bueno exigirse demasiado, pero aun así, creo que es positivo esforzarse para mejorar.

Del mismo modo que una dieta demasiado estricta puede tener un efecto rebote, exigirse demasiado no aporta ningún beneficio. En cambio, con una dieta que prohíba los refrescos azucarados pero pemita el chocolate, que no imponga límites imposibles a la hora de comer sino que recomiende ir caminando cada día hasta la estación... puede que se tarde más tiempo pero es más posible alcanzar el éxito, ya que las metas que se ponen son asequibles y no se aspira a la «perfección».

¡Probad, pues, a aplicar esta dietas a vuestros objetos y a vuestros principios!

Segunda parte

ASÍ PUES... ¿TIRAMOS?
Las diez técnicas que adoptar

1

Tirad sin mirar

No es necesario comprobar ni examinar las cosas dos veces: tirad sin mirar.

Con esta técnica se pueden tirar...

- Correo comercial, propaganda, etcétera.
- Catálogos y folletos.
- Informes y documentos guardados durante un largo período de tiempo.
- Libros, revistas.
- Cartas (incluidas las postales de Año Nuevo).
- Prendas de vestir u objetos cotidianos que permanecen almacenados en cajas de cartón.

Cómo tirar cada una de esas cosas

1. Cosas que hay que tirar en cuanto lleguen a nuestras manos:

   - *Correo comercial, propaganda, etcétera.*

     El momento oportuno para tirar es al abrir el buzón para sacar la correspondencia o al ver los folletos de anuncios cuando abrimos el periódico.

     Aunque se trate de anuncios que no nos interesan, si por un momento pensamos que pueden contener información relevante es posible que nos entren ganas de comprobar su contenido, pero debéis hacer el esfuerzo de tirar sin mirar. Como mucho, podéis conservar las ofertas del supermercado o las promociones de unos grandes almacenes de los cuales ya sois clientes. Todo lo demás, tiradlo sin mirar.

- *Catálogos y folletos.*

Me refiero a aquellos catálogos o folletos que se suelen repartir en las tiendas o a los que solemos encontrar en el buzón, y no a aquellos que habéis solicitado o que os han adjuntado al realizar alguna compra.

Si a simple vista os parecen interesantes, os entrarán ganas de echarles un vistazo. ¡No lo hagáis! Son cosas que no sirven para nada, tiradlas sin dedicarles ni un solo segundo. Quizá en ellos haya algo que os guste, pero en lugar de pensar que es una lástima perder la ocasión de encontrar una ganga, debéis pensar que habéis hecho bien en no verlo, no sea que acabéis comprando algo que no necesitáis.

2. Cosas que hay que tirar pasado cierto tiempo (ver también el capítulo 4):

- *Informes y documentos guardados durante un largo período de tiempo.*

¿De verdad necesitáis aquellos documentos o informes que no habéis consultado en años? Tiradlos sin mirar, no caigáis en el error de pensar que quizá contengan una información importante. Si no los habéis consultado en años es precisamente porque no contenían información relevante.

- *Libros, revistas.*

Quién sabe cuántos libros y revistas habéis empezado a leer y luego habéis abandonado a la mitad. Seguramente teníais la intención de leerlos en algún otro momento, pero si permanecen allí donde los dejasteis se debe únicamente a dos motivos: o son aburridos o no os interesaba el argumento.

No otorguéis un «carácter sagrado» a libros que guardáis sin leer; tiradlos sin dedicarles un instante. Si encontráis una revista abandonada, tiradla enseguida y ni se os ocurra hojearla antes. Aunque penséis que quizá «algún día» la vayáis a leer, muy probablemente no será así.

- *Cartas (incluidas las postales de Año Nuevo).*

Las cartas contienen los sentimientos de aquellas personas que las escribieron y, preciamente por eso, tendemos a otorgarles un «carácter sagrado». Además, al releerlas nos evocan recuerdos y eso, justamente, hace que nos cueste tirarlas. No son pocas las personas a las que les gusta leer viejas cartas. Exceptuando aquellas personas que muestran especial aprecio a su correspondencia o que otorgan un gran valor a los recuerdos, sugiero que quienes guardan las cartas sin ningún motivo las tiren sin pensárselo dos veces. Si empezáis a conservar las cartas porque las personas que os las escribieron son importantes, o porque contienen datos y direcciones que queréis anotar, el fajo de cartas permanecerá allí para siempre. ¿De verdad vale la pena conservar cien postales para recuperar un número de teléfono que no tenéis anotado?

No las guardéis eternamente en la caja de cartas: tiradlas todas. Os aseguro que no os arrepentiréis.

- *Prendas de vestir u objetos cotidianos que permanecen almacenados en cajas de cartón.*

Objetos cotidianos que metimos en una caja de cartón cuando nos mudamos y llevan guardados más de tres años, ropa que pensamos que quizá algún día nos pondríamos y lleva más de diez años guardada. Nada de esto puede considerarse como necesario. El contenedor se ha transformado en una caja negra. No pretendáis revisar su contenido y tiradla entera.

Esta técnica es eficaz porque...

La eficacia de esta técnica radica en el hecho de «tirar sin mirar». Querer comprobar si algo es necesario o no antes de tirarlo es un sentimiento natural. Pero mientras revisamos por última vez, el tiempo va transcurriendo y las cosas se van acumulando. Volver a revisarlo todo requiere energía y resulta agotador ir seleccionando las cosas que se pueden tirar y las que no. Da mucha pereza.

Por eso, en los ejemplos que he citado anteriormente, podéis ahorraros trabajo y tirar sin mirar. Una vez hayáis tomado esa decisión no tardaréis más de un segundo en acabar el trabajo. Tirar en tan sólo un segundo algo que lleva tiempo estorbando es un gran alivio.

2

Tirad al momento

Dejaos de excusas como «de momento», «algún día» o «por ahora». Tomad una decisión cuando cojáis algo entre las manos y tiradlo enseguida.

Empezad por abrir las cajas y los recipientes. Si no sabéis lo que contienen, no podréis tomar una decisión inmediata. Dejando las cajas sin abrir, os arriesgáis a caer en la trampa del «de momento».

Con esta técnica se pueden tirar...

- Facturas, extractos detallados.
- Correo comercial.
- Obsequios, calendarios comerciales, etcétera.
- Fotos (negativos y fotografías impresas).
- Salsas de regalo, cubiertos, palillos que acompañan la comida para llevar, etcétera.
- Regalos, recordatorios, recuerdos, conmemoraciones, etc.
- Vajilla ligeramente mellada, bolígrafos defectuosos, destornilladores con la punta rota, etcétera.
- Objetos que hemos reemplazado por otros nuevos: lámparas, muebles, ollas, utensilios.
- Cajas vacías que contenían algún producto comprado.
- Facturas.
- Documentos del trabajo.
- Revistas.
- Sobras de comida.

- Comida que ha superado la fecha de caducidad y comida a punto de caducar.
- El contenido de la nevera.

Cómo tirar cada una de esas cosas

1. Cosas que se pueden tirar nada más abrirlas:

- *Correo comercial.*

¿Qué hacer con todo el material publicitario que llega a casa? Si son anuncios de una marca que os gusta o de unos grandes almacenes, querréis revisarla. Abrid el sobre y echad un rápido vistazo. Tal vez os guste lo que veis pero por mucho que os sintáis tentados a pensar «de momento la voy a conservar», debéis tirarlo al instante. Los anuncios os hace soñar pero raras veces podréis comprar esas cosas que tanto os gustan.

A menos que contenga información de verdad relevante, debéis tirar su contenido sin remordimientos nada más abrir el sobre.

- *Facturas, extractos detallados.*

Las facturas y los extractos detallados de las compañías telefónicas o de las tarjetas de crédito raramente vienen solos, sino que van acompañados por un fajo de folletos y de anuncios. Al abrir el sobre sacad la hoja que os interesa y tirad el resto. El extracto también lo comprobaréis al instante y procuraréis no volver a meterlo en el sobre, pues con ello sólo conseguiríais tener que volver a repetir la tarea.

Si os preocupa la privacidad, podéis romperlos en pedacitos y tirarlos en cubo de la basura distintos.

· *Obsequios, calendarios comerciales, etcétera.*

Se trata de objetos que habéis recibido gratis y, por ese motivo, tenéis la sensación de haber hecho un buen negocio. A menos que os gusten especialmente, evitad guardarlos «por si acaso» y tiradlos. Es importante sacarlos primero de la bolsa o de la caja. Si no comprobáis antes el contenido no los podréis tirar al momento. Regalad a algún niño el obsequio que viene con el menú de la comida rápida, devolved en la caja los vasos de regalo que os han dado en el bar o pasadle aquel calendario que no os gusta demasiado a un compañero de trabajo. En resumen, un modo distinto de liberarnos de esos objetos que no queremos es dárselos (¿o endosárselos?) a alguien.

· *Fotos (negativos y fotografías impresas).*

De entre todas las fotos que habéis llevado a imprimir, algunas no habrán salido bien; otras, en las que no salís vosotros, no serán lo bastante bonitas como para regalárselas a las personas que sí salen. Todas aquellas fotos que no queráis, tiradlas de inmediato a la papelera. El momento mismo en que las veis por primera vez es cuando las estudiáis con más detenimiento. Es justo entonces cuando debéis hacer la selección. Haced lo mismo con los negativos que no tenéis intención de volver a revelar, pues no es fácil comprobar su contenido y acabaréis guardándolos para nada.

- *Salsas de regalo, cubiertos, palillos que acompañan la comida para llevar, etcétera.*

Puede que haya personas que guarden esta clase de cosas y después las usen, pero no son pocas las personas que se limitan a acumularlas. Si ése es vuestro caso, tiradlas nada más abrirlas.

Los palillos aún, pero... ¿de verdad utilizáis las cucharillas de plástico? ¿Y aquellas bolsitas de soja o de mostaza que os molestáis en conservar? ¿Las vais a usar para cenar? Tratad de recordar cuándo fue la última vez que las usasteis, y si la respuesta es nunca, la próxima vez tiradlas enseguida. Si os sabe mal tirarlas a la basura, entonces decid que no las queréis en el momento que os las regalan.

2. Cosas que se pueden tirar una vez que han cumplido su función:

- *Regalos, recordatorios, recuerdos, conmemoraciones, etcétera.*

Me pregunto por qué tenemos la costumbre de intercambiarnos regalos. El objetivo no es el regalo en sí, sino la acción de regalar. Por eso en el preciso instante en que recibimos un regalo de alguien, la función del regalo ha finalizado.

Siendo radicales, podríamos decir incluso que desde el momento en que aceptamos un regalo, éste se transforma en algo innecesario.

Por eso, una vez lo recibimos ya podríamos tirarlo de inmediato. Huelga decir que no conviene hacerlo ante la persona que nos lo ha regalado.

Lógicamente, si vais a usar, poneros o llevar lo que os han regalado, os lo podéis quedar. También podéis liberaros de objetos de valor como anillos o relojes vendiéndolos a una casa de empeños, por ejemplo.

- *Vajilla ligeramente mellada, bolígrafos defectuosos, destornilladores con la punta rota, etcétera.*

Cuesta tirar todas aquellas cosas que, con un poco de buena voluntad, aún se pueden usar. Pero tarde o temprano acabaréis por reemplazarlas. ¿Acaso desperdiciaréis menos si en lugar de reemplazarlas enseguida las seguís conservando?

En el momento en que un plato se melló sin querer, o que un bolígrafo dejó de escribir a la primera o que se rompió la punta de un destornillador al atornillar con fuerza, tenemos que admitir que la función de ese objeto ha llegado a su fin. Las personas que, a pesar de ponerse nerviosas cada vez que usan esos objetos, insisten en seguir usándolos, son esclavas del miedo a la pérdida. Por eso, a pesar de sustituir esos objetos que ya no funcionan por otros nuevos, conservarán los viejos (ver la siguiente categoría).

- *Objetos que hemos reemplazado por otros nuevos: lámparas, muebles, ollas, utensilios.*

Cuando compréis algo nuevo para reemplazar algo roto, no dudéis en tirar el objeto viejo. Pero puede que lo hayáis comprado por la sencilla razón de que queréis otro nuevo, porque el que ya teníais tiene una forma anticuada, no os gusta su diseño o sus funciones son inferiores. En ese caso, es muy probable que el objeto viejo siga funcionando. Y aunque lo queráis conservar «de momento» o por si «algún día» volvéis a usarlo, lo único que conseguiréis con ello es que ocupe espacio. Si lo conserváis porque, en vuestra opinión, no merece acabar en la basura, debéis saber que tarde o temprano os veréis obligados a tirarlo. ¿No es mejor, pues, hacerlo de inmediato?

A veces puede ocurrir que, aunque estéis dispuestos a tirar algo, al dejarlo «provisionalmente» en algún sitio se os acabe olvidando. Ocurre a menudo con la basura de gran tamaño. Y aunque os estorbe, es mejor dejarla a la vista hasta que la tiréis, no sea que se os olvide.

- *Cajas vacías que contenían algún producto comprado.*

La caja vacía del ordenador, la guardaré por si algún día me mudo y quiero meterlo dentro. Una caja para envíos, la guardaré por si «algún día» tengo que mandar un paquete. La caja de una prenda de ropa de marca; la guardaré porque es bonita y quizá la use para algo.

Una vez que sacamos el producto de su caja, la función de ésta ha terminado. Si el día que os mudéis necesitáis cajas, ya os preocuparéis entonces de conseguirlas. Guardando las cajas vacías en el armario sólo conseguiréis ocupar espacio. Y guardar una caja de marca resulta tan mísero...

Las cajas de pequeño tamaño las aplastaremos antes de tirarlas. Las grandes, las doblaremos y las romperemos en trozos más pequeños para meterlas en bolsas y poder tirarlas el primer día que pasen a recoger el cartón.

- *Facturas.*

No incluyo aquí a las personas que llevan un libro de cuentas doméstico sino a las que cogen las facturas porque si. No guardéis la factura en el bolso ni tampoco en los bolsillos. Tiradlo directamente. En los supermercados, suele haber una papelera bajo la mesa para colocar la compra en bolsas y, últimamente, en la mayoría de tiendas de veinticuatro horas, hay un lugar específico para tirar los recibos. Si estáis en una cafetería o en cualquier otro establecimiento, tiradlo a una papelera cuando salgáis a la calle.

- *Documentos del trabajo.*

Una vez que terminéis un trabajo determinado, decidid de inmediato si vais a conservar los documentos o a tirarlos. Evitad guardarlos «de momento». Si ahora os da pereza tomar dicha decisión, con el paso del tiempo aún será peor. Para aquellos documentos que creáis que podéis necesitar «algún día» consultad el capítulo 3 («"Algún día" no llega nunca») y el capítulo 5 («No creéis objetos "sagrados"») de la primera parte.

- *Revistas.*

Puede parecer obvio tirar una revista que ya hemos leído, pero nos cuesta más de lo que pensamos. Si sólo la vais a leer vosotros, tiradla una vez que hayáis terminado de leerla. Recortad las páginas que necesitéis mientras la vayáis leyendo, así os ahorraréis tener que hacerlo después. Ocurre a menudo que cuando nos disponemos a hacerlo posteriormente ya no recordamos qué queríamos recortar. Tirad las revistas antes de que se conviertan en una colección.

3. Cosas que aún se pueden comer, pero que es mejor tirar enseguida:

- *Sobras de la comida.*

Soy consciente de que quizá al decir esto reciba una buena reprimenda. Pero aun así propongo que tiremos las sobras. ¿Acaso no habéis tenido la experiencia de envolver con papel film las sobras de la comida y guardarlas en la nevera, confiados de terminarlas en algún momento, hasta que acaban pudriéndose? ¿O dejar un pedazo de comida que ha sobrado encima de la mesa del comedor hasta que acaba resecándose?

Una vez que terminéis de comer debéis considerar enseguida la posibilidad de tirar la comida que ha sobrado. Si no, estaréis obligados a comerla al día siguiente. Si eso no es factible, y aunque sea un desperdicio, ¿no creéis que es mejor tirarla? La repetición de situaciones como ésas debería enseñaros a cocinar menos cantidad o a comer las sobras el día siguiente, para no tener que tirar nada.

- *Comida que ha superado la fecha de caducidad y comida a punto de caducar.*

Como aún se puede comer, no nos atrevéis a tirarla. Se trata de comida que habéis guardado durante tiempo y que está a punto de caducar. ¿De verdad creéis que dejándola más tiempo «algún día» la consumiréis? Lo que tenéis que hacer es consumirla en cuanto os deis cuenta de que aún está ahí. Si no lo hacéis, entonces entonces es mejor que la tiréis al momento.

- *El contenido de la nevera.*

Se parece al punto anterior. Cuando abráis la nevera y algo os llame la atención, recordad que estáis en el momento crítico: conservas que creíais que ibais a usar pero que no usaréis, comida a punto de caducar, recipientes cuyo contenido desconocéis... Cuando las tengáis en la mano debéis tomar una decisión: comerlas al momento o tirarlas sin más.

Esta técnica es eficaz porque...

Como ya he comentado anteriormente, cuando hablaba de los estados de ánimo, pensar «de momento», «por si acaso» o «algún día», son sentimientos naturales en el ser humano. Gracias a estos pretextos, podemos tirar y, al mismo tiempo, atenuar ese sentimiento de culpa que experimentamos al pensar que es un desperdicio.

Pero si tarde o temprano acabaréis por tirarlo, ¿por qué no «tirarlo al momento»?

Si lográis hacerlo al instante, evitaréis –aunque sólo sea un poco– que se acumulen las cosas. Seguro que dejaréis de acumular productos que quizá «algún día» vayáis a cocinar. Pensad si no en los cuadernos de vacaciones: si no queréis llorar el 31 de agosto, es mejor que los hagáis poco a poco cada día. Sin duda, requiere menos trabajo.

Sobre todo en lo tocante a la comida, si dejáis de pensar «menudo desperdicio», «qué mal me sabe» o «qué desastre soy» para atenuar ese sentimiento de culpa que experimentáis al tirar, conseguiréis hacerlo. Eso es lo verdaderamente eficaz.

Si os sirve para pensar un poco más cuando vayáis a comprar, si os sirve para empezar a pensar cómo aprovechar bien la comida que tenéis almacenada, entonces podemos decir que habrá valido la pena «tirar al momento».

3

Tirad una vez que se supere una cantidad determinada

Tanto los armarios como las estanterías tienen una capacidad limitada. Una vez que se supera su capacidad, tenéis que hacer una selección y tirar lo que no queráis. En otros casos, como por ejemplo el papel de envolver de los grandes almacenes, estableced vosotros mismos la cantidad que necesitáis y cuando se supere, haced una selección y tirad lo que sobre.

Con esta técnica se pueden tirar...

- Ropa (armario, cómoda), zapatos (zapatero), vajilla (alacena), libros (estantería).
- Lápices, bolígrafos y demás (lapicero).
- Papel de envolver, cordel, cajas vacías.
- Salsa de soja, mostaza, y demás sobrecitos que os regalan con la comida para llevar.
- Papel mal imprimido, papel escrito por una sola cara.
- Pijamas.
- Toallas de baño, sábanas, etcétera.
- Tazones.
- Palillos, cucharas, etcétera.
- Trapos.
- Ollas, utensilios para cocinar.

Cómo tirar cada una de esas cosas

1. Cosas que hay que tirar cuando se supere la capacidad del contenedor:

- *Ropa (armario, cómoda), zapatos (zapatero), vajilla (alacena), libros (estantería).*

  No empleéis las paredes, el pasillo ni el recibidor para almacenar ropa. Debéis guardarla en un único lugar y cuando éste se llene, será el momento de hacer una selección. Sobre aquellas prendas que llevan tiempo colgadas o dobladas y que nunca os ponéis, debéis preguntaros si se pueden tirar.

  Esta técnica también se puede aplicar a los zapatos que no caben en el zapatero, la vajilla que no sabéis dónde colocar en la alacena, los libros que no caben en la estantería, las toallas y las sábanas que se amontonan en el armario.

- *Lápices, bolígrafos y demás (lapicero).*

  Puede que os parezca demasiado detallista, pero es importante revisar el lapicero. Si os dais cuenta de que está tan abarrotado que ya no cabe ni un lápiz más, entonces será el momento de hacer una selección. Seguro que encontraréis bolígrafos que no funcionan bien o alguna pluma que os regalaron pero nunca usáis. No se os ocurra crear un sitio nuevo en el cajón para guardar bolígrafos: lo único que conseguiréis será tener un montón de bolígrafos que no funcionan y, cada vez que saquéis uno del cajón, os enfadaréis.

2. Cosas que hay que tirar una vez que se supere la cantidad necesaria:

- *Papel de envolver, cordel, cajas vacías.*
- *Salsa de soja, mostaza, y demás sobrecitos que os regalan con la comida para llevar.*

Un papel de regalo bonito o una caja vacía, un lazo o un cordel que quizá pueda reutilizarse. Papel de horno, papel absorbente para eliminar el exceso de grasa al freír, papel de periódico para recoger las uñas cuando os las cortáis... Todas esas cosas son muy útiles, pero existe una gran diferencia entre usar la cantidad que necesitamos o acumularlo.

Debéis tener una idea más o menos clara de la cantidad que vais a usar. Fijad límites bien definidos: por ejemplo, «todo el papel de regalo que quepa en esta bolsa de papel» o «todos los lazos que quepan en esta caja». Todo lo que supere esa cantidad, hay que tirarlo.

Lo mismo debéis hacer con las bolsas de plástico del supermercado o de los grandes almacenes. Y para las bolsitas de salsa que acompañan la comida para llevar o la comida preparada, podéis hacer lo siguiente: colocad un pequeño contenedor en uno de los compartimentos de la puerta del frigorífico, de un tamaño adecuado a la cantidad que vayamos a consumir. Si vemos que siempre está lleno, entonces lo cambiaremos por otro de menor tamaño.

- *Papel mal impreso, papel escrito por una sola cara.*

Antes la gente solía aprovechar el reverso de los folletos de correo comercial para tomar notas. Sin embargo, en la actualidad disponemos de tanto papel que en lugar de otorgarles un «carácter sagrado», podéis tirar tranquilamente esos folletos. Aunque queráis aprovechar el reverso de aquellas páginas mal impresas para tomar notas, hay un límite. Guardad únicamente el papel que creáis que vais a reutilizar y, como medida, usad un sobre o una carpeta. Todo lo que no quepa, podéis tirarlo de inmediato.

3. Cosas que hay que tirar una vez que se supere cierta cantidad:

- *Pijamas.*
- *Toallas de baño, sábanas, etcétera.*
- *Tazones.*
- *Palillos, cucharas, etcétera.*
- *Trapos.*
- *Ollas, utensilios para cocinar.*

Existen muchas categorías de objetos cuya cantidad necesaria por persona es fácil de determinar.

Por ejemplo, podríais determinar la siguiente cantidad por persona: tres pijamas de verano y tres de invierno, dos sábanas, dos toallas de baño (más una o dos para invitados). Y así con todo lo demás. El número de tazas, palillos, cucharas, etcétera, podría ser equivalente al número de miembros de la familia más dos; no guardéis más de cuatro trapos. En cuanto al número de ollas y utensilios de cocina, decidid cuántos queréis tener según su tamaño: por ejemplo, dos grandes y dos pequeños.

Cuando determinéis la cantidad, no exageréis con los objetos de recambio. Tratándose de objetos cotidianos, cuantos más tenemos más seguros nos sentimos, pero os sorprendería lo poco que los vais a necesitar (ver capítulo 6 de la primera parte, «Usad todo lo que tengáis»). Una vez que se supere el límite establecido, debéis liberaros de los objetos viejos. Y cuando los objetos nuevos sustituyan a los viejos, no dejéis de controlar la cantidad.

Esta técnica es eficaz porque...

Cada vez vamos adquiriendo más cosas nuevas, pero las que hemos utilizado hasta ahora siguen siendo útiles. Esta técnica os brinda la ocasión de tirarlas y, de este modo, poder reemplazar lo viejo por lo nuevo.

La mayoría de objetos que aparecen en las primeras posiciones de la encuesta sobre los objetos que más cuesta tirar, se pueden tirar usando esta técnica. Para triunfar en este reto, debéis poneros de inmediato manos a la obra.

4

Tirad una vez que se supere un período determinado

Debéis establecer un tiempo apropiado para cada cosa (ya sea un mes, un año, tres años...) y, una vez que haya transcurrido, decidid si el objeto en cuestión es necesario o no. Si durante ese período de tiempo no os ha surgido la necesidad de usarlo, podéis tirarlo sin dudar.

Con esta técnica se pueden tirar...

- Manuales.
- Catálogos, folletos, etcétera.
- Juguetes.
- Documentos, archivos.
- Disquetes.
- Libros, revistas.
- Cartas (incluidas las postales de Año Nuevo).
- Cintas de vídeo, cintas de casete.
- Ropa u objetos cotidianos que permanecen guardados dentro de cajas u otro tipo de recipiente.

Cómo tirar cada una de esas cosas

1. Objetos cuyo período de uso sea limitado:

   - *Manuales.*

     Los manuales sobre informática, coches, primera infancia o videojuegos, suelen adquirirse en momentos puntuales de necesidad, en períodos en los que somos principiantes en una materia en cuestión.

Puede que al principio los usemos a diario, pero a medida que dejamos de ser principiantes acudiremos a ellos con menos frecuencia. Si los consultamos muy de vez en cuando es sólo para comprobar o recordar algo, pero ya no se tratará de situaciones urgentes.

Así pues, si consideráis que ya no sois principiantes en la materia, podéis tirarlos. En el caso de que surja alguna duda, siempre podéis preguntar a algún amigo, ir a la biblioteca, consultar al fabricante, etcétera. Existen muy pocas posibilidades de que os arrepintáis de haberlos tirado, por lo que no vale la pena guardar esos manuales tan gruesos.

Es muy habitual pasar un libro sobre primera infancia que ya no usamos a alguien que acaba de tener un hijo. Si podéis liberaros de un manual mediante esa técnica, seréis muy afortunados.

- *Catálogos, folletos, etcétera.*

Depende del tema que traten, pero pasado cierto tiempo la información de este tipo de publicaciones suele quedar obsoleta. En la cubierta de los catálogos solemos encontrar escrito «Edición del 2000», «Número de primavera / invierno», etcétera. Puede que al verlos os apetezca echarles un vistazo de vez en cuando, pero transcurrido un determinado tiempo, ya no tienen ninguna utilidad, por lo que podéis tirarlos sin miramientos.

- *Juguetes.*

  Los niños cambian de juguetes con la edad. Durante un tiempo juegan constantemente con un juguete pero poco a poco dejan de usarlo. Aun así no es tarea fácil tirarlos porque a los niños les cuesta desprenderse de ellos. Pero lo cierto es que no podemos guardarlos a todos.

  Podéis hacer lo siguiente: cada año, por ejemplo, cuando se acerque el cumpleaños dejad que sean vuestros hijos quienes seleccionen los juguetes de los que quieran desprenderse. Podéis utilizar el mismo criterio que en el capítulo 3: fijar una cantidad que no puedan sobrepasar, como por ejemplo lo que quepa en la caja para guardar los juguetes.

  Una manera efectiva de deshacerse de los juguetes consiste en dárselos a amigos o conocidos que tengan hijos más pequeños (a menos que, como suele pasar, sus abuelos ya les hayan regalado un montón de juguetes).

2. Cosas que se pueden tirar tanscurrido un período determinado:

- *Documentos, archivos.*
- *CD con documentos.*
- *Libros, revistas.*
- *Cartas (incluidas las postales de Año Nuevo).*
- *Cintas de vídeo, cintas de casete.*
- *Ropa u objetos cotidianos que permanecen guardados dentro de cajas u otro tipo de recipiente.*

Esta técnica se basa en que si algo es necesario recurriremos a ello en un período determinado de tiempo. Si, por el contrario, no recurrimos a ese objeto en cuestión, es que es prescindible y, por tanto, podemos tirarlo.

La dificultad de esta técnica está en determinar el período adecuado. Por este motivo os aconsejaba, en el capítulo 3 de la primera parte, la «regla de los tres años». Si os basáis en esta idea, podéis fijar los períodos de tiempo que más os convengan.

No es necesario que dichos períodos de tiempo sigan una lógica. Lo que decidáis estará bien. Se trata, en definitiva, de crear una ocasión para tirar.

Esta técnica es eficaz porque...

Al igual que en el capítulo anterior, esta técnica consiste en crear más ocasiones para tirar.

Para evitar tener guardados eternamente objetos que no usáis, debéis fijar un período de tiempo. Una vez que se supere, ya no tendréis excusa para no tirar. Os servirá, también, para comprobar que el hipotético «algún día» no ha llegado. De este modo, pronto seréis capaces de decidir sin vacilar cuáles son las cosas prescindibles y cuáles no, y dejaréis de escudaros con pretextos como «algún día» o «de momento».

Debéis tener en cuenta que si el período que habéis establecido es demasiado corto o, por el contrario, es tan largo que acumuláis demasiados objetos, tendréis que rectificarlo.

5

Tirad periódicamente

Podéis aprovechar el fin de un período de tiempo –por ejemplo, el final del día, el fin de semana, final de mes, o fin de año– para realizar una selección de objetos que se pueden tirar. No es necesario seguir una pauta estricta, como por ejemplo una vez al mes. Basta con que lo hagáis cada vez que penséis: «Hace tiempo que no reviso mis cosas». Lo importante es proponérselo de forma periódica y aprovechar cada una de esas ocasiones para tirar todo lo que no queráis.

Con esta técnica se pueden tirar...

- Recibos, formularios de envío de mensajería, etcétera.
- Libros de cuentas domésticos, agendas.
- Botones de recambio de prendas de ropa.
- Duplicados de llaves.
- Garantías, contratos, etcétera.
- Manuales de instrucciones.
- Notas que pegamos en la nevera o en el tablero.
- Material de escritorio y objetos cotidianos que guardamos en un cajón.
- Corbatas, calcetines, ropa interior.
- Libros, revistas, ropa.

Cómo tirar cada una de esas cosas

1. Documentos que conservamos:

- *Facturas, formularios de envío de mensajería, etcétera.*

    A esta categoría pertenecen los documentos que pueden resultar útiles cuando por ejemplo un producto que habéis comprado está defectuoso, o habéis enviado un paquete. (No incluyo aquí las facturas que se adjuntan al libro de cuentas doméstico, ni las que se emplean para justificar gastos de empresa.)

    Una vez que hayáis comprobado que el producto funciona bien, o que la persona a quien habéis mandado el paquete lo ha recibido sin novedad, el documento habrá cumplido su función. No lo guardéis eternamente dentro de la cartera, y cada vez que vayáis a comprar, aprovechad para tirar todos esos recibos.

- *Libros de cuentas domésticos, agendas.*

    Los empleamos para hacer anotaciones sobre nuestro día a día y solemos cambiarlos al cabo de un año. Pero no son pocas las ocasiones en que consultamos los datos del año anterior y, además, nos gusta conservarlos como recuerdo.

    Por eso, os aconsejo que cada vez que tengáis que reemplazarlos por otros nuevos, conservéis si queréis el del año anterior, pero tirad por lo menos el de hace dos años. Si no podéis, tirad el de hace tres años.

Si os acostumbráis a tirar de forma periódica, conseguiréis que vuestras pertenencias no superen cierto límite.

2. Recambios:

- *Botones de recambio de prendas de ropa.*
- *Duplicados de llaves.*

Me refiero a esos botones de recambio que guardáis indefinidamente en el costurero o en un cajón, o a esos duplicados de llaves que seguís conservando a pesar de que ya ni siquiera recordáis qué abren.

Difícilmente encontraremos a una persona tan extremadamente disciplinada que al tirar una prenda de ropa tire también el botón de recambio. Por eso, debéis revisarlos periódicamente.

Cuando os percatéis de que los botones de recambio o los duplicados de las llaves se están acumulando, debéis revisarlos. Os daréis cuenta entonces de la cantidad de objetos innecesarios que acabáis acumulando.

3. Cosas que, a pesar de no tener ya ninguna utilidad, se acumulan fácilmente:

- *Garantías, contratos, etcétera.*

Las garantías que llevan los productos electrónicos, muebles y demás suelen tener una vigencia de uno a tres años. Lo mismo ocurre con los contratos, que tienen su propia validez, ya sea de dos, cinco o más años.

Una vez ha expirado el plazo se vuelven inservibles, pero aun así nos resistimos a tirarlos. Es más, creamos un fichero para garantías, contratos, etcétera, y los vamos guardando.

Aprovechad un momento concreto, como finales de año, o incluso el momento en que vais a guardar una nueva garantía, para comprobar periódicamente si hay algo que se pueda tirar. La elección es fácil: todo aquello cuyo plazo haya expirado es innecesario.

- *Manuales de instrucciones.*

A diferencia de las garantías, los manuales de instrucciones carecen de un período de validez y por eso nos cuesta tirarlos. Pero... ¿de verdad creéis que es necesario conservar indefinidamente el manual de uso de una aspiradora, de un calentador o del aire acondicionado? ¿O las instrucciones de lavado de una chaqueta de piel?

Los manuales útiles para resolver problemas técnicos y los manuales de instrucciones deberían emplearse de un modo completamente distinto. Una vez que aprendáis a manejar el producto con soltura, ya podéis tirarlos.

Un modo de hacerlo es guardar todos los manuales de instrucciones juntos. Cada vez que añadáis uno nuevo, podéis apovechar para revisarlos.

Si os resistís a tirarlos porque en ellos consta el número de atención al cliente y no queréis anotarlo, en el caso de que en algún momento lo necesitéis, siempre podéis llamar directamente al fabricante, donde seguro que os podrán orientar. El número de los representantes regionales, además, se puede conseguir en las guías de teléfono o llamando a un número de información telefónica.

- *Notas que pegamos en la nevera o en el tablero.*

Son lugares que usamos como portapapeles temporal y en ellos siempre podemos encontrar papeles como ofertas, el folleto de una exposición, el menú mensual del comedor de los niños, la crítica de un libro que queremos comprar, facturas, notas que hemos tomado por teléfono, etcétera. Siempre están llenos de papeles que ondean y si al pasar por allí rozamos alguna de esas notas sin querer, es probable que acabe desprendiéndose. Pero si os fijáis, veréis que las ofertas han caducado, que tenéis el menú escolar de los dos últimos meses y que los mensajes que anotasteis ya los habéis transmitido.

Proponerse revisarlo cada semana no es tarea fácil, así que podéis hacerlo cuando veais que está a rebosar, o cuando se suelte algún papel. Según mi experiencia, casi seguro que podréis eliminar una tercera parte de todos esos papeles.

- *Material de escritorio y objetos cotidianos que guardamos en un cajón.*

Seguro que en casa tenéis más de un práctico cajón donde meter cualquier cosa de forma desordenada. En el cajón de la mesita del teléfono, del mueble de salón o de la alacena, guardamos toda clase de objetos cotidianos como cortauñas, tijeras, bolígrafos, libretas de notas, carretes, imanes, paños para limpiar las gafas, etcétera. En la mesa del trabajo, en cambio, el cajón que desempeña esta función es por lo general el primero.

Mientras su uso sea práctico no hay ningún inconveniente, pero en el momento en que tengáis que hacer fuerza para cerrar el cajón, puede que haya llegado el momento de revisar su contenido. Seguro que encontraréis notas viejas, recibos de hace más de un año, bolígrafos sin tinta, fotografías viejas, caramelos derretidos, etcétera.

No esperéis a tener que hacer fuerza para cerrar el cajón o a que se atasque. Cuando veáis que empieza a llenarse, entonces es el momento de revisar su contenido.

4. Objetos que suelen mezclarse con otros objetos innecesarios:

- *Corbatas, calcetines, ropa interior.*

Aunque veáis una corbata con los bordes raídos, unos calcetines con la punta desgastada o una prenda de ropa interior vieja, os cuesta tirarlos. Quizá porque siempre pensáis que aún os los podéis poner alguna vez más. Las personas escrupulosas quizá piensen «lo lavaré antes de tirarlo», pero una vez lavado lo acabarán guardando otra vez.

Por eso, debéis acostumbraros a revisar este tipo de pertenencias de forma periódica. Decidir cada cuándo revisar depende de cada uno. Es bueno hacerlo, por ejemplo, en primavera u otoño, cuando hagáis el cambio de armario.

- *Libros, revistas, ropa.*

Los tres objetos que más nos cuesta tirar son libros, revistas y ropa, pero cuantas más ocasiones de tirar creéis, más éxito tendréis. Tirar de forma periódica no lo hace más sencillo, pero he incluido aquí estas tres categorías precisamente para que quien crea que este método puede funcionarle, lo aplique.

Esta técnica es eficaz porque...

Es suficiente con «tirar una vez que se supere una cantidad determinada» o «tirar una vez que se supere un período determinado». Si ponéis en práctica estas técnicas, os daréis cuenta de que tirar periódicamente es un método eficaz para prevenir el fenómeno de la acumulación de objetos.

Inevitablemente, durante ese espacio de tiempo los objetos seguirán acumulándose. La efectividad de esta técnica, sin embargo, radica en que el grado de acumulación es comparativamente menor y, al sustituirse periódicamente los objetos viejos por los nuevos, os será más fácil decidir qué es lo que no queréis.

A pesar de que aquí he incluido libros, revistas y ropa, quiero advertir que si nos basamos únicamente en la técnica de «tirar periódicamente», es muy probable que fracasemos.

6

Tirad también las cosas que no habéis usado a fondo

Esta técnica sirve para acabar con la idea de que «no se puede tirar aquello que aún se puede usar». Demos un giro de 180 grados a nuestra mentalidad y pensemos: «Como lo he usado (al menos) una vez, ya lo puedo tirar».

Con esta técnica se pueden tirar...

- Ropa, libros, revistas.
- Maquillaje y cosméticos.
- Medicamentos.
- Toallas de obsequio.
- Papel de envolver, cordel, cajas vacías.
- Papel mal impreso, papel escrito por una sola cara.
- Salsa de soja, mostaza, y demás sobrecitos que os regalan con la comida para llevar.
- Especias.
- Productos de muestra.

Cómo tirar cada una de esas cosas

1. Las tres cosas que más nos cuesta tirar:

    - *Ropa, libros, revistas.*

      La manera de tirar es la misma que en el punto 2, pero con un inciso. Si nos cuesta desprendernos de estos objetos se debe a que pensamos: «Aún puedo ponérmelo», «Puede que contenga información interesante», «No terminé de leerlo», o «Quizá "algún día" me haga falta». En definitiva, no queremos desperdiciar. Si nos fijamos en los resultados de la encuesta, vemos que casi todos los encuestados son conscientes de los motivos que les impiden tirar esos objetos. Y aun así, siguen sin poder tirarlos, porque están bajo el hechizo de «aún se puede usar». Dicho de otra manera, ¿pensáis que si conserváis un objeto podréis disfrutarlo hasta que se gaste del todo? No se trata de usar algo hasta que se gaste, sino de aceptar que se puede tirar algo aunque no esté gastado y dejar de preguntarnos si lo hemos usado suficientemente.

El otro paso decisivo es pensar que una vez que ha cumplido el objetivo por el que lo comprasteis, es como si lo hubierais usado hasta el final. Da igual si os dejasteis llevar por un impulso y comprasteis aquella prenda de ropa que estaba de moda: pensad que aunque sólo os la hayais puesto una vez, si la habéis disfrutado ya es suficiente. Lo mismo podéis hacer con las revistas: si ya habéis leído aquel artículo que sale en portada o la sección habitual, podéis sentiros satisfechos y tirarlas.

2. Cosas viejas que, a pesar de no estar del todo gastadas, se sustituyen por otras nuevas:

• *Maquillaje y cosméticos.*

Por lo visto hay muchos cosméticos que nos resistimos a tirar y no sólo en el caso de las mujeres, pues los hombres hacen lo mismo con los productos para el pelo. Rara vez encontraremos a alguien que use siempre la misma sombra de ojos; además, suele ocurrir que aunque vosotros no compréis esa clase de objetos, os los acaban regalando. Por tanto, se van acumulando sin que os dé tiempo a gastarlos del todo.

¿Acaso no tenéis un cajón o un cesto repleto de coloretes medio gastados, hasta el punto de que se ve el fondo del envase en la parte central, o tubos de gel que se podrían seguir exprimiendo hasta el infinito?

Tirad aquello que lleváis tiempo sin usar, no es necesario esperar a que se gaste. Para estos casos, os aconsejo utilizar a técnica ilustrada en el capítulo 5 de esta segunda parte («Tirad periódicamente»), que os resultará muy eficaz.

- *Medicamentos.*

¿No os han recetado nunca un tratamiento de cuatro días para un resfriado y, al encontraros mejor, habéis guardado las dosis sobrantes? O las pastillas para el dolor de cabeza que habéis salido a comprar sin saber que las teníais en casa; o toda clase de pomadas para las heridas... Es posible que «algún día» las uséis, pero tratándose de medicamentos, al cabo de un tiempo os da reparo usarlos, o no estáis seguros de poder usar de nuevo los mismos medicamentos que os recetó el médico la vez anterior.

Y entre tanto, los vais acumulando. Si os sobran medicamentos, tiradlos de inmediato. Si en poco tiempo compráis dos medicamentos con el mismo principio activo, guardadlos en la misma caja y procurad consumirlos lo antes posible.

- *Toallas de obsequio.*

Es el mismo caso de los jabones o el té de obsequio. Si los guardáis, se acumulan. Cuesta tirar las toallas porque son nuevas; los jabones o el té, en cambio, tal vez no sean de vuestro agrado, pero os da reparo tirarlos porque aún se pueden consumir.

Podéis convertir las toallas en trapos y guardarlas para usarlas cuando tengáis que limpiar. Una vez sucias, las podéis tirar, lo cual os facilitará la limpieza y, a la vez, os permitirá deshaceros de las toallas. Con usarlas una vez habrán cumplido su cometido.

Evidentemente, las podéis lavar y reutilizar tantas veces como queráis, pero que el hecho de quererlas aprovechar no os lleve a acumular trapos de recambio.

En cuanto al té y al jabón, probadlos y, si no os gustan, debéis convenceros de que después de «haberlos probado una vez» ya podéis tirarlos, porque por más que los guardéis, no encontraréis una ocasión de consumirlos.

- *Papel de envolver, cordel, cajas vacías.*
- *Papel mal impreso, papel escrito por una sola cara.*
- *Salsa de soja, mostaza, y demás sobrecitos que os regalan con la comida para llevar.*

Se trata de objetos ya citados en el capítulo 3 (en el apartado «Cosas que hay que tirar una vez que se supere la cantidad necesaria»). Una vez establecida esa cantidad necesaria, se aplica la técnica del «Tirad también las cosas que aún se pueden usar».

3. Cosas que es difícil gastar del todo:

- *Especias.*

  Las especias que guardamos indefinidamente en la estantería. Me refiero a las que compráis cuando probáis alguna receta exótica o a instancias de algún amigo que os la ha recomendado porque es «muy práctica». Si la habéis usado tan sólo una vez y no tenéis previsto usarla en vuestro día a día, tiradla.

  Es difícil gastar un bote entero de un condimento exótico o de una especia a la que no se está habituado. No os dejéis llevar por el bonito diseño del bote y comprad las especias que vienen en bolsitas pequeñas. Colocados en fila, es posible que los botes de especias alegren la vista, pero ya tenéis la cocina suficientemente abarrotada.

- *Productos de muestra.*

  Al deambular por las calles de la ciudad, os obsequian con toda clase de productos de muestra: perfumes, champús, maquinillas de afeitar...

  Cuando los recibís, tenéis la sensación de salir beneficiados, pero pensad en cuántas ocasiones los habéis usado. Si al probarlos la primera vez no os convencen, lo que hacéis es guardarlos en el cajón del tocador y os olvidáis por completo de ellos. Pensad que tratándose de un obsequio, no es necesario que lo gastéis. Si no os gusta, tiradlo de inmediato. Dependiendo del producto, os lo podéis llevar de viaje y tirarlo antes de volver a casa aunque no lo hayáis gastado del todo.

Esta técnica es eficaz porque...

Si conseguís cambiar la mentalidad y pensar que «con usarlo una vez es suficiente», seréis capaces de tirar más. Esta técnica sirve para que al pensar «con una vez es suficiente» o «con esto basta», podáis vencer las dudas que os surgen cuando teméis desperdiciar. En definitiva, es una técnica que consiste en «usar y tirar».

Aunque no venga a cuento, se me ocurre que el *patchwork*, que emplea recortes de telas viejas, podría ser un modo diferente de aplicar esta técnica. Para aquellas prendas llenas de recuerdos de las que os cuesta desprenderos, quizá si conserváis una parte os sea más fácil tirarlas. Los pedazos de tela podéis usarlos para hacer una bolsa, unas manoplas para el horno, una colcha o lo que vuestra habilidad os permita. Sobre todo con la ropa de los hijos, tan llena de recuerdos, no es poca la gente que mediante el *patchwork* la reconvierte en accesorios para la escuela.

Quizá es un método más popular entre las mujeres, pero si el hecho de usar una parte hace que tengáis la sensación de haber aprovechado bien esos objetos, vale la pena probarlo.

Pero si con ello acabáis teniendo diez manoplas en casa, sólo conseguiréis acumular aún más. Recordad, pues, que debéis limitar esta técnica exclusivamente a la ropa que sois incapaces de tirar.

Usar la tela de los kimonos que conserváis como recuerdo de vuestra madre para haceros un monedero, o cambiarles la forma y hacerlos más pequeños, es también un modo diferente de tirar.

7

Estableced «criterios para tirar»

Eliminad criterios vagos como «lo tiraré un día de éstos», «lo tiraré cuando se gaste» o «lo tiraré cuando ya no lo necesite». Y, en su lugar, estableced unos criterios más precisos como por ejemplo «lo tiraré dentro de tres años», «lo tiraré después de haberlo usado al menos una vez» o «lo tiraré cuando hayamos comprado uno nuevo». Dichos criterios deben tener una periodicidad y una frecuencia determinada que no deje lugar al sentimentalismo.

Ejemplos de cómo aplicar esta técnica

1. Fijar una cantidad precisa.
2. Fijar un período preciso.
3. Fijar una frecuencia precisa.
4. Tirar el objeto viejo en cuanto se adquiera uno nuevo.
5. Fijar un criterio para decidir «a simple vista» entre objetos iguales.
6. Revisar todos los «criterios para tirar» aplicados hasta ahora.

Cómo tirar siguiendo los ejemplos

1. Fijar una cantidad precisa.
   Un buen criterio en el que podéis basaros para tirar es la cantidad. Se trata de la técnica presentada en el capítulo 3. Por tanto, podéis tomar como refe-

rencia los ejemplos concretos y las formas de tirar que he descrito anteriormente. Las modalidades son, de hecho, las mismas.

La idea consiste en tomar como referencia una cantidad para cada objeto, ya sea un armario, un recipiente o una caja. Si la ropa empieza a sobresalir del armario, entonces tendréis que tirar lo que sobre.

También se puede fijar un número. Por ejemplo podéis decidir que vais a conservar tres ollas (una grande, una mediana y una pequeña). Si superáis ese número, entonces debéis tirar la diferencia.

2. Fijar un período preciso.

Es la técnica del capítulo 4. El período de tiempo establecido se transforma en un criterio en el que basarse para tirar. Es aplicable a objetos cuyo uso se limite a cierto período de tiempo, como por ejemplo un manual. También podéis fijar un período para decidir si algo es necesario o no, como en el caso de los documentos.

No debéis olvidar que todo objeto tiene un período determinado de vida útil.

3. Fijar una frecuencia precisa.

Emplead la técnica del capítulo 6. Decidid el número de veces que debéis usar algo para poder tirarlo «a pesar de que no lo hayáis gastado del todo». Lo más eficaz es establecer el criterio de se puede tirar algo aunque sólo se haya usado una vez. Debéis conformarnos con haber usado una vez objetos tales como toallas de obsequio, los cepillos de dientes y peines que suelen regalar en los hoteles, productos de muestra, camisetas de propaganda, etcétera.

4. Tirar el objeto viejo en cuanto se adquiera uno nuevo.

Es similar al criterio de «fijar una cantidad precisa». Un televisor nuevo, un teléfono móvil nuevo, un ordenador nuevo, una cartera nueva, un tazón nuevo... Decidid que tendréis un único ejemplar de los objetos mencionados (o la cantidad necesaria que hayáis determinado) y considerad que todo lo demás es superfluo. Cuando compréis algo nuevo, debéis tirar lo viejo al momento.

5. Fijar un criterio para decidir «a simple vista» entre objetos iguales.

La mayoría de los objetos que más cuesta tirar son aquellos que, como la ropa, la vajilla o las revistas, se van acumulando continuamente, por lo que acaba siendo un engorro seleccionar qué es lo que queréis conservar y qué es lo que queréis tirar. Cuando así sea, estableced un criterio que os permita decidir a simple vista entre objetos iguales.

Si habéis decidido, por ejemplo, conservar sólo el papel de regalo «que quepa en esta caja», pero seguís sin poder tirarlo una vez que sobrepasa el límite, entonces podéis decantaros por otro criterio como «conservaré las bolsas de marca y tiraré las de los grandes almacenes». Otro ejemplo son los vasos que suelen dar como obsequio de compra. Podéis establecer el criterio de tirar «al momento» todos aquellos vasos que lleven el logotipo de la marca o el dibujo de algún personaje. Con las revistas que se acumulan continuamente podéis regiros, por ejemplo, por el criterio de conservar únicamente las de *National Geographic* porque son las que tienen las fotografías más bonitas. El resto, una vez que haya pasado un período determinado, las podéis tirar.

Lo importante de estos «criterios para tirar» es que disipan las dudas y permiten reconocer las cosas de inmediato según su aspecto.

Si os veis obligados a plantearos una y otra vez si un criterio es aplicable o no, entonces mejor no tenerlo en cuenta. También debéis tener cuidado a la hora de hacer excepciones como la del «trato especial» reservado a objetos que forman parte de «una colección» o son «para los invitados».

6. Revisar todos los «criterios para tirar» aplicados hasta ahora.

Hasta ahora, todo habéis tenido vuestros propios «criterios para tirar». Si, a pesar de ello, estáis hartos de acumular cosas, entonces es señal de que vuestros criterios no funcionan.

Por eso, debéis examinar de nuevo vuestros «criterios para tirar» en relación con aquellos objetos que no dejan de acumularse o que os preocupan constantemente, hasta el punto de pensar que deberíais poner remedio a la situación.

Sin duda, el efecto de esos criterios que hasta ahora habéis seguido sin más será el de haceros tomar conciencia.

Esta técnica es eficaz porque...

Cuando una prenda de ropa ya no os vaya bien, tiradla. Con tres ollas, una de cada tamaño, tenéis más que suficiente. Si hasta ahora teníais cuatro futones para invitados, con dos será suficiente. Cuando la pila de documentos que tenéis encima de la mesa comience a desmoronarse, será el momento de tirar.

Estos «criterios», aunque sencillos, son muy válidos. Si los criterios para tirar no son claros, os costará tomar una decisión. Y eso es lo que debéis evitar pues el objetivo de esta técnica es facilitar las decisiones y evitar las molestias.

Cuando vayáis a tirar algo que aún se puede usar, podéis reafirmar vuestra decisión pensando que si habéis creado unos criterios es para respetarlos. Y así evitaréis sentir remordimientos.

8

Cread muchos «destinos» para lo que tiráis

«Tirar» no siempre equivale a «arrojar a la basura». Debéis pensar en el acto de «tirar» como una forma que os permite «eliminar algo de vuestro entorno». Venderlo a una tienda de segunda mano, pasarlo a un hermano, dadlo a alguien que no conocéis, encontradle otra utilidad, devolvedlo a la empresa que lo fabrica... Cuantos más «destinos» tengáis para lo que tiráis, más sencillo os resultará eliminar esas cosas de vuestra vida.

Con esta técnica se pueden tirar...

- Agujas.
- Muñecos, peluches.
- Ropa.
- Libros.
- Objetos de marcas de lujo, accesorios.
- Dulces de regalo.
- Electrodomésticos.
- Pilas.
- Papeles varios (documentos, recibos, correo comercial, etcétera.).

Cómo tirar cada una de esas cosas

1. Cosas de las que no podéis liberaros porque no se pueden tirar a la basura:

- *Agujas.*

Para tirar tales objetos como pilas y agujas, debéis seguir las indicaciones de cada municipio. Para hacerlo es imprescindible informarse. Es posible que a pesar de conocer el modo de tirarlos, si la recogida se hace pongamos por ejemplo dos veces al mes, acabéis acumulándolos igualmente y tengáis que conformaros.

Es bueno saber en qué lugares se recogen pilas, como las bibliotecas públicas, centros culturales, centros comerciales, etc. Hay muchos establecimientos en los que al comprar pilas para una cámara o un *walkman*, se encargan de tirar las pilas viejas.

- *Muñecos, peluches.*

En la encuesta me sorprendió ver la cantidad de personas que no pueden tirar sus muñecos y peluches porque «tienen ojos» o temen que les caiga una «maldición». Si no queréis tirarlos a la basura, podéis llevarlos a alguno de los templos que celebran ceremonias para muñecos y demás. En los templos donde celebran ceremonias para mascotas también suelen ocuparse de los muñecos. Si en la guía de teléfonos buscáis «cementerio de mascotas», lo encontraréis enseguida. Pero debéis saber que os costará algunos miles de yenes.

2. Objetos de los que no os queréis liberar porque sería un desperdicio:

- *Ropa.*
- *Libros.*
- *Objetos de marcas de lujo, accesorios.*

La manera más ventajosa de liberarse de este tipo de objetos es, sin duda, revenderlos. Hay muchas maneras de revenderlos, como por ejemplo tiendas de segunda mano, casas de empeño, librerías de viejos, anuncios en los tableros del Ayuntamiento, revistas especializadas o anuncios de «se vende / se ofrece» en folletos informativos locales. Seguro que encontraréis algún modo de revenderlos que os convenza.

- *Dulces de regalo.*

Dulces, conservas de regalo, fruta que os han mandado de vuestro pueblo natal... Si van a quedarse en casa hasta que se pudran, entonces es mejor apresurarse a repartirlos. Si trabajáis en una empresa lo mejor es repartirlos entre los compañeros de trabajo. Podéis dejar las frutas o las cajas de productos desecados en la sala del café y ya veréis cómo alguien se las lleva encantado. La mayoría de las personas se alegrarán de recibir mermelada, té o chocolate.

3. Objetos de los que no os podéis liberar porque perjudican el medioambiente:

- *Electrodomésticos.*

Hoy en día, existe la obligación de reciclar los electrodomésticos (en Japón, la ley sobre «reciclaje de electrodomésticos» de 1998 hace referencia a las neveras, acondicionadores de aire, televisores y lavadoras) y somos conscientes de que no debemos tirarlos a la basura. Pero... ¿sabemos que los costes del reciclaje van a cargo de la persona que tira, o sea, el consumidor? Si queréis que al comprar una nevera nueva se os lleven la vieja, tendrá un coste. De qué modo se reciclan los electrodomésticos que se retiran de este modo es algo que no tengo muy claro. En ese caso, ¿no es mejor pagar al municipio la cuota de recogida de basura voluminosa y que vengan a recogerlo enseguida?

Evidentemente también sirve el método que antes he citado, aplicado a esas cosas que sería un desperdicio tirar. Si os enteráis de que un pariente se va a independizar, preguntadle enseguida si necesita una tele. Muy probablemente, le haréis un favor.

4. Cosas de las que no nos podemos liberar porque no sabemos dónde tirarlas:

- *Pilas.*
- *Papeles varios (documentos, recibos, correo comercial, etcétera.).*

Todos hemos tenido alguna vez en la mano algo que queremos tirar, pero que hemos vuelto a guardar o lo hemos metido en un cajón por no tener una papelera a mano. Quizá penséis que se trata de una técnica demasiado simple, pero cuantas más papeleras tengáis a mano, más cosas tiraréis. Se trata de una técnica que ayuda a poner en práctica el «tirad al momento» del capítulo 2. Poned, pues, una papelera en cada habitación. Y si tenéis una caja exclusiva para las pilas que ya no funcionan, dejaréis de tenerlas esparcidas por todos los cajones.

Esta técnica es eficaz porque...

Se trata de una técnica que os hará más fácil tirar, gracias a métodos llevaderos que no requieren gran esfuerzo. Al optar por el reciclaje, incluso aquellas personas que no son capaces de tirar porque les parece un desperdicio, podrán hacerlo sin reparo.

Pero hablando claro, en la mayoría de los casos lo único que estaréis haciendo es delegar a otra persona la tarea de tirar porque vosotros sois incapaces de hacerlo. Debéis saber que de esa forma no se resuelve el problema, pues sois vosotros los que debéis aprender a tirar sin que os suponga una dificultad.

9

Empezad por los rincones

Elegid un espacio y decidid que en él no colocaréis nada: la mesa del comedor, la estantería de la cocina, la superficie del lavabo... Cualquier lugar relativamente pequeño. Y ponedlo en práctica.

Ejemplos de cómo aplicar esta técnica

1. Cread un «espacio sin objetos».
2. Cread un «espacio en el que no guardaréis objetos innecesarios».
3. Empezad por los «espacios rápidos de organizar».

Cómo tirar siguiendo los ejemplos

1. Cread un «espacio sin objetos».

- *Encima de la mesa del comedor.*
- *Encima de la cómoda.*
- *Encima de la nevera.*
- *En la superficie del lavabo.*
- *Encima del escritorio.*
- *Encima del zapatero.*

Tomaré como ejemplo la mesa del comedor. Exceptuando las horas de la comida, la mesa debería estar vacía, pues se trata de un lugar para comer y no para poner cosas. Sin embargo, ¿en cuántas casas podemos encontrar la mesa del comedor vacía? Botes de condimentos, una caja de té, sobras de la comida, el periódico, el correo comercial, un reloj, medicamentos, fotos de familia, un jarrón, paquetes de dulces, y no sé por qué, juguetes de los niños, etcétera. Y cada vez que llega la hora de comer, estos objetos se arrinconan pero nunca lográis sacarlos de allí.

Empezad, pues, decidiendo que «no vais a colocar objetos innecesarios encima de la mesa del comedor». Aunque los demás lugares estén abarrotados de objetos, será el único sitio donde no dejaréis nada. Devolved los condimentos a su estantería; por la noche, colocad el periódico en el revistero; el correo comercial o los folletos que os interesen pegadlos a la puerta de la nevera y los que no, tiradlos; guardad los paquetes de dulces en su caja; tirad los medicamentos que han sobrado y haced lo mismo con el pedazo de pan que, a pesar de estar duro, aún conservabais.

Al tratarse de un espacio reducido no os costará poner orden. Pero requiere de un pequeño esfuerzo diario. De este modo, a fuerza de ir repitiendo, aprenderéis a seleccionar, pero también aprenderéis que se puede ordenar tirando todo lo que no sirve. Dicho de otra manera, aprenderéis a tirar.

Y además, ver la mesa vacía hará que os sintáis a gusto y satisfechos con vosotros mismos.

2. Cread un «espacio en el que no guardaréis objetos innecesarios».

- *Cajones especiales.*

  Podéis elegir el lugar que más os guste: el cajón de los pañuelos, el armario de las toallas, la estantería para detergente o champú, la estantería de las especias, el cajón superior del escritorio... La cuestión es que reservéis un pequeño espacio de almacenamiento en el que «no guardaréis objetos innecesarios».

  Después, procederéis como en el ejemplo número 1. Cuando sin querer vayáis a guardar un fichero en el cajón reservado para los objetos de escritorio, debéis deteneros. Si queréis guardar una copia de una factura, no la escondáis bajo la calculadora. Si un disquete ya no os cabe en la caja, no lo metáis en el cajón.

  Si dejáis de meter cosas en los cajones a la ligera, os acostumbraréis a «tirar al momento».

3. Empezad por los «espacios rápidos de organizar».

- *El armario de las toallas.*
- *El cajón del maquillaje.*
- *El mueble de la entrada.*

  Abarcar toda la casa es complicado, pero en su lugar podéis empezar por espacios más reducidos donde se guardan cosas fáciles de organizar.

  Tomando como ejemplo el armario de las toallas, empezad por decidir cuántas toallas necesitáis (ver capítulo 3). Con las que sobren, decidid al momento qué vais a hacer. Si en el armario encontráis toallas de obsequio, sábanas u objetos de tocador que no deberían estar ahí, sacadlos y decidid al momento qué hacer con ellos.

Puede ocurrir que hurgando en el fondo encontréis alguna pila, un calentador de manos usado, un calcetín desparejado, etcétera. Mientras tiráis esas cosas, os daréis cuenta de la cantidad de objetos inútiles que se pueden llegar a guardar.

Conforme os vayáis acostumbrando a controlar espacios pequeños, podéis ir aumentando poco a poco el área de intervención.

Esta técnica es eficaz porque...

Cambiar de repente nuestros hábitos es agotador. Tirar no es sólo una cuestión de organizar y almacenar, sino que es básicamente una manera de relacionarnos con los objetos. Aunque penséis «adelante, vamos a aplicar estas ténicas para tirar», es posible que os sintáis abrumados ante la enorme cantidad de pertenencias que tenéis ante vosotros.

Esta técnica es eficaz para superar estas dificultades. En lugar de empezar por tareas grandes, empezaremos por tareas más reducidas.

Recomiendo empezar por la técnica 1, «crear un espacio sin objetos». Si empezáis por lugares bien visibles, os será más fácil ver los efectos positivos de este método y os sentiréis satisfechos.

Uno de los aspectos que hacen que el método de este capítulo 9 sea efectivo es la capacidad que tiene de hacernos ver la cantidad de objetos innecesarios que nos rodean y la forma en que van aumentando día a día. Cuanto más conscientes seáis de ello, mayor será la necesidad de tirar todas esas cosas.

Un segundo aspecto que hace efectiva esta técnica es que a medida que os vayáis liberando de dichos objetos, iréis adquiriendo el hábito o la manía de reducir vuestras posesiones. Se trata de cambiar los hábitos. Cuando tengáis en las manos algo que no queréis, tirad el objeto en cuestión en lugar de volver a dejarlo donde estaba. Es importante empezar por espacios reducidos, porque si la tarea resulta agotadora, acabaréis por aborrecerla.

Cuando comprendáis la eficacia de esta técnica y os propongáis aplicar «los métodos para tirar» a vuestra vida en general, entonces se habrá cumplido el tercer aspecto que hace esta técnica aún más efectiva: empezar a ordenar desde un espacio concreto.

10

Repartid las funciones

Esta técnica se aplica en los lugares donde conviven varias personas. Consiste en repartir las responsabilidades. En un hogar, por ejemplo, el marido se puede encargar de la prensa y el correo, y la esposa de la ropa, la comida y todo lo que concierne a los hijos. También podéis distribuir las tareas por espacios, en lugar de por objetos. Hasta en el espacio de trabajo se establecen responsabilidades que parten de la propia mesa.

Ejemplos de cómo aplicar esta técnica

1. Repartid las funciones según la clase de objeto.
2. Repartid las funciones según el espacio.

Cómo tirar siguiendo los ejemplos

1. Repartid las funciones según la clase de objeto:

- *Periódicos, folletos, revistas.*
- *Correo (facturas, correo comercial, propaganda, catálogos, etcétera.).*
- *Libros.*

Si decidís que el encargado de tirar los periódicos es el marido, no se trata de que lo haga de forma forzada y sin rechistar, sino que debéis enfocarlo de este modo: él será el responsable de tirar los periódicos para evitar que se acumulen indefinidamente.

Pongamos por ejemplo que encontráis un periódico en el suelo de la sala de estar. En las parejas en que las funciones no están distribuidas, los dos pueden pensar que el otro aún quiere leerlo, o enfadarse porque tras leerlo lo ha dejado allí tirado. En el peor de los casos ni siquiera repararán en el periódico y, por tanto, los periódicos continuarán acumulándose día tras día en el mismo lugar.

La manera de acabar con esta situación es repartir las funciones. Cuando el marido vea un periódico, tendrá que examinarlo como algo que se puede tirar. Si comprueba que es el periódico del día anterior, le preguntará a su esposa si lo ha leído. Y si ella lo ha leído «lo tirará al momento». Si no, le preguntará si tiene intención de hacerlo. En caso negativo, lo tirará. Y en caso afirmativo, le pedirá a su esposa que lo tire en cuanto lo haya leído.

Si la esposa es la primera en ver el periódico, debe implicarse y pedirle al marido que lo tire. Si deja la cuestión en manos de él, es sólo porque la responsabilidad de los periódicos no es de ella, sino del esposo.

En la mayoría de los casos, es la esposa quien asume «la función de tirar» muchos de los objetos cotidianos (ropa, zapatos, calcetines, etcétera.). De ser posible, es conveniente que las funciones se repartan entre los dos miembros de la pareja. Enlazando con el punto 2 que viene a continuación, dejar que la esposa se encargue ella sola del «interior de la casa» es una carga demasiado grande.

Por otro lado, esta técnica resulta muy efectiva en el trabajo porque la distribución de tareas se realiza entre varias personas adultas. Pongamos, por ejemplo, las revistas. Las funciones se pueden repartir de este modo: la persona A se encargará de las revistas semanales y del resto de las revistas se ocupará la persona B. La persona A también tiene la función de crear normas como tirar las revistas semanales cada dos semanas. Si hubiera alguien que quisiera llevarse dichas revistas a casa, debería dirigirse a la persona A. También podría dejarle una nota escrita en la revista dirigida a la persona A. Transcurridas esas dos semanas, si aparece una revista semanal abandonada en la mesa de alguien, será responsabilidad de la persona A tirarla al momento.

2. Repartid las funciones según el espacio:

- *Sobre la mesa del comedor.*
- *Lavabo.*
- *Recibidor.*
- *Sobre la mesa del salón.*
- *Escaleras.*

De entre los ejemplos anteriores, pongamos que el marido se encarga de la mesa del comedor (ver capítulo 9). Cada vez que el marido vea algo sobre la mesa del comedor, deberá preguntarse si se puede tirar. Una factura abierta a nombre de la esposa, unas fotocopias que los niños han traído de la escuela, folletos de anuncios que venían con el periódico de la mañana, etcétera. Al verlos, preguntará si se pueden tirar. Las cosas que están ahí «de momento» o «por si acaso», se pueden tirar al instante.

Recomiendo que la distribución de tareas no se haga en función de las zonas (el salón, la cocina, etcétera.), sino en función de areas reducidas en las que se puede encontrar la misma clase de objetos. Ocuparse de toda una zona representa una carga demasiado grande, como las esposas que se encargan de toda la casa, y el malestar acumulado podría provocar discusiones constantes.

Esta técnica es eficaz porque...

Esta técnica evita que algo permanezca indefinidamente en un lugar sólo porque pensamos que alguien se encargará de ordenarlo. Esperamos que alguien lo haga por nosotros porque resulta un fastidio ordenar algo o decidir qué hacer con ello. Pero si todos esperamos que «alguien» lo haga, nunca tiraremos nada.

En las respuestas de la encuesta, surgieron comentarios relacionados con este dilema: «Ahora vivo con mi novio: las cosas que yo no no necesito él sí las necesita, y al revés» (mujer de 24 años); «Al no vivir sola no puedo tirar las facturas sin más» (mujer de unos veinte años). Se trata de casos en los que al pensar que no podemos tirar sin permiso las pertenencias de los demás, acaban acumulándose.

Pero también se da el caso contrario: «Al estar casada se acumulan el doble de pertenencias. Puedo tirar las cosas de los demás fácilmente pero me cuesta tirar las mías» (mujer de cuarenta años). Es cierto que a veces no se tiene ningún problema en tirar lo de los demás. (Lo mismo me ocurría a mí de recién casada.)

Sea cual sea la situación, esta técnica resulta efectiva. En el primer caso sólo hay que preguntar «¿Te importa que lo tire?» y obtener la aprobación; y en el segundo caso hay que convencerse de que debemos tirar también nuestras pertenencias, al igual que las de los demás.

Si en casa os repartís las funciones por espacios, dejando a un lado toda consideración sobre la propiedad de los objetos, evitaréis conflictos del tipo «¡Esto es mío, no te entrometas!».

Tan sólo un consejo más si queréis mantener la armonía de vuestro hogar: debéis ir con cuidado para que vuestro comportamiento no acabe pareciéndose al de una suegra.

Tercera parte

LIBERARSE DE LAS COSAS DE FORMA AGRADABLE

Eliminar objetos
sin tirarlos a la basura

En esta última parte, he reunido información sobre maneras de tirar que os pueden facilitar la tarea y hacerla más agradable y, al mismo tiempo, evitar que os sintáis reticentes a hacerlo.

En las partes anteriores he venido afirmando la idea de que hay que tirar y os he propuesto los estados de ánimo adecuados y las técnicas necesarias para hacerlo: tirar a la basura, reciclar, vender... Elijáis el método que elijáis, la finalidad es hacer desaparecer de vuestro alrededor aquello que no queréis. Tal y como comenté en la técnica del capítulo 8 de la segunda parte, tirar a la basura y reciclar tienen la misma motivación, que es liberaros de todo lo que no sirve.

Aun así, resulta doloroso tirar algo a la basura cuando sabe mal desperdiciarlo o pensamos que alguien podría aprovecharlo. Sentimos lástima por esos objetos que vamos a tirar. Por eso, os pido ahora que hagáis un gran esfuerzo e intentéis pensar, en primer lugar, que «tirar algo a la basura» es la manera de liberarse definitivamente de ese algo. Tirando a la basura, conseguiréis liberaros de prácticamente cualquier cosa. Si no sois reticentes a hacerlo, desprenderos de las cosas os resultará muy cómodo, aunque tenga un pequeño coste. Sin embargo, debéis saber que antes de recurrir a ese método extremo, hay muchas otras formas, más agradables, que os permitirán eliminar todo aquello que no queráis a vuestro alrededor.

Para aquellos objetos que son especialmente difíciles de tirar, o que requieren de conocimientos prácticos, he buscado métodos que cualquier persona puede poner en práctica. También he reunido información que permite utilizar esos métodos alternativos de una forma más despreocupada. Espero que os sea útil y que os permita liberaros de las cosas de una forma un poco más sencilla.

¿Qué tipo de información necesitáis?

Para empezar examinaremos qué tipo de información se necesita generalmente antes de liberarse de los objetos inútiles. En la encuesta que he presentado en la introducción, sobre las cosas que más nos cuesta tirar, pregunté al final lo siguiente: «¿Qué clase de información desearías obtener sobre este tema?». Más del 20 % de los encuestados (28 personas) respondieron que querían información sobre reciclaje. Y más concretamente sobre objetos reciclables, tiendas de segunda mano, mercadillos y métodos para reciclar de forma eficaz. Parece, pues, que son muchas las personas que prefieren reciclar todo aquello que sea posible.

También hubo una decena de personas que querían información sobre «cómo tirar a la basura». Más concretamente, sobre cómo clasificar los residuos, dónde llevarlos sin tener que pagar o cómo desprenderse de objetos que contienen datos personales.

Por otro lado, hubo ocho personas que querían información sobre «métodos de organización y almacenaje», porque creían que, de ese modo, «ganarían espacio» o «se sentirían reconfortados». Lo siento mucho, pero a estas personas les aconsejo que lean el capítulo 7 de la primera parte («No os fiéis de los "métodos de organización" ni de los "métodos de almacenaje"») con la esperanza de que cambien de idea.

Las maneras más agradables de liberarse de los libros

En la actualidad, la manera de obtener y guardar la información está cambiando rápidamente. Tiene más valor la manera de usar dicha información que el mero hecho de tenerla, pero aun así conservamos todavía la idea de que no se debe «desperdiciar».

Y el ejemplo más claro de ello son los libros, incluidas las novelas y los libros ilustrados. Dejando de lado el coleccionismo o el interés que despiertan los libros como objetos, propongo que dejemos de sobrevalorar la información que hay en ellos. Si la información que contienen os es necesaria en algún momento, debéis saber que podéis conseguirla de nuevo. Por eso, podéis tirar tranquilamente, sin miedo a los remordimientos, aquellos libros que conserváis sólo porque pensáis que quizá «algún día» los podéis necesitar. En el caso de las personas que no los tiran porque no quieren desperdiciarlos existen, además de las librerías de viejo de toda la vida, otros métodos muy eficaces.

Para desprenderos de los libros, os aconsejo cinco métodos: llevarlos a una librería de viejo, venderlos a un librería virtual, abrir vuestra propia librería virtual de segunda mano, subastarlos en eBay o venderlos en un mercadillo de objetos de segunda mano, o donarlos a una biblioteca.

Maneras agradables de liberaros de la ropa

Muchas personas reciclan la ropa a través de las tiendas o los mercadillos de segunda mano. No son pocas las tiendas de segunda mano que venden objetos de marcas caras. Se puede encontrar abundante información sobre ellas en la televisión o en las revistas. Seguro que si buscáis, encontraréis más de una en vuestra zona.

Por esta razón, prefiero hablar de cómo donar ropa en el caso de aquellas personas que no buscan un beneficio económico, sino que sólo quieren liberarse de cierta cantidad de ropa sin tener que tirarla a la basura.

El Ejército de Salvación (Centro de servicio social para hombres del Ejército de Salvación) es un centro de rehabilitación para la reincorporación social de personas alcohólicas, en el barrio de Suginami, Tokio. En este centro aceptan como donación todos aquellos objetos del hogar que ya no necesitamos. Los beneficios que obtienen de su venta se destinan a talleres para alcohólicos y a sufragar los gastos de otras entidades benéficas y servicios sociales.

Además de ropa, aceptan toda clase de objetos cotidianos como muebles, electrodomésticos, objetos decorativos, etcétera. Es importante llamar para preguntar qué clase de objetos o artículos necesitan. Debéis saber que hay algunas donaciones que no admiten, por lo que es fundamental asegurarse antes por teléfono.

Una vez que hayáis confirmado por teléfono que aceptan lo que queréis donar, podéis llevarlo directamente o mandarlo mediante un servicio de transporte. Los objetos de gran tamaño, como los electrodomésticos y los muebles, ocupan espacio y no se venden con facilidad por lo que es conveniente que os aseguréis de que los aceptan antes de llevarlo.

- *Aspectos a tener en cuenta.*

  Aceptan objetos que para nosotros se han vuelto innecesarios con la finalidad de venderlos, por lo que sólo debéis donar aquellos objetos que tengan valor económico. En ningún caso debéis dar aquellos objetos que os estorban en casa al Ejército de Salvación sólo porque los acepta de forma gratuita y así os ahorráis las cuotas de reciclaje que os cobrarían por tirarlo a la basura.

Maneras agradables de tirar los aparatos eléctricos

1. Electrodomésticos.

   Parece que se está convirtiendo en una costumbre lo de vender electrodomésticos a las tiendas de segunda mano entre tres y cinco años después de haberlos comprado. Tras haberlo experimentado en mi propia piel, puedo decir que son aparatos que funcionan perfectamente. Para un teléfono pueden haber pasado máximo dos años, porque la batería del teléfono inalámbrico suele deteriorarse. Para las lavadoras y las neveras de uso doméstico, unos tres años; y si el propietario es soltero y no la usa con tanta frecuencia, entonces cinco años. Los televisores se pueden vender mientras funcionen, pero es preferible que no tengan más de cinco años. Los aparatos de aire acondicionado son complicados de vender porque la instalación y el desmontaje tienen un coste.

Para vender un electrodoméstico de fácil manejo como una nevera o una lavadora no es necesario el libro de instrucciones, pero para un aparato más complejo como un televisor, un teléfono o un equipo estéreo, su valor baja si no va acompañado de las instrucciones.

2. Ordenadores.

El uso de los ordenadores se ha generalizado con rapidez. Muchos ya piensan en adquirir un segundo modelo. Los ordenadores se consideran basura voluminosa y hay que tirarlos como tal, pero cuestan dinero y solemos cogerles cariño, por lo que no podemos deshacernos de ellos fácilmente. Preferimos dárselos a alguien.

Cada vez hay más particulares que venden y compran ordenadores y sus componentes a través de Internet. Si la persona que quiere vender coincide con la persona que quiere comprar, se puede obtener una buena cifra. Por tanto, podéis recurrir a un mercado de segunda mano o a un subasta en eBay. Pero si no sois expertos en informática, tal vez os sentiréis más cómodos si os dirigís directamente a una tienda de segunda mano que compre ordenadores usados. En el distrito de Akihabara, de Tokio, existen varias tiendas especializadas. Encontraréis los datos en las revistas de informática, así que lo primero que debéis hacer es llamar y decirles el modelo de ordenador que queréis vender. Su valor puede variar de cero a varios cientos de miles de yenes, por lo que es preciso especificar el modelo, el estado (aspecto externo, manejo, si viene con caja y libro de instrucciones, si habéis aumentado la capacidad del disco duro, etcétera.) para que os lo tasen.

- *Por vuestra seguridad:*

  Es posible que a algunos de vosotros les preocupen los datos personales que quedan en el ordenador en el momento de liberarse de él. Por vuestra seguridad, debéis borrar los datos digitales. Si los elimináis como es debido podréis tirar tranquilamente discos duros. Si formateáis la memoria toda la información que contenía hasta el momento se borrará.

Maneras agradables para liberaros de los certificados de garantía, los libros de instruciones y los embalajes

Los productos electrónicos vienen siempre acompañados de un gran volumen de documentos. Y no nos atrevemos a tirarlos porque además de advertirnos de que debemos conservarlos, parecen imprescindibles. Sin embargo, las cosas que se deben conservar son sólo una pequeña parte. Leed con atención los siguientes puntos y seleccionad lo que deberíais conservar.

1. Garantía
   Según Panasonic, en el caso de que no tengáis el certificado de garantía la tienda en la que habéis comprado el electrodoméstico puede confirmar

la fecha de compra y facilitar la asistencia técnica debida si el producto aún está en garantía. No puedo asegurar que ocurra lo mismo con todas las marcas y todas las tiendas, pero si se da el caso de que habéis tirado sin querer la garantía, podéis acordaros de esta posibilidad.

Si queréis llevar un producto a reparar tras haber expirado el período de garantía, os lo repararán con un coste adicional independientemente de si tenéis o no el documento de garantía; si el aparato presenta un defecto de fábrica, puede que la reparación sea gratuita. En cualquiera de los casos, no es necesario conservar indefinidamente la garantía. Tampoco es necesario conservarla para saber el modelo y el número de serie necesarios para repararlo, porque esos datos constan en el mismo aparato.

2. Libro de instrucciones, manual de usuario.

No hay inconveniente en tirarlos. La mayoría de marcas disponen de una página web donde podréis encontrar abundante información sobre sus productos así como la manera de manejarlos. Si se trata de un producto actual, las probabilidades de encontrar información son elevadas.

Para aquellos a quienes no se les da bien navegar por Internet, siempre pueden llamar al fabricante y preguntar. Casi todas las empresas disponen de un número gratuito de atención al cliente, al que podéis llamar para consultar cualquier tipo de duda ya sea sobre las instrucciones o el manejo. Incluso es posible que si comentáis que no tenéis el libro de instrucciones os manden una copia por fax.

Si queréis recuperar el libro de instrucciones, existe la posibilidad de comprarlo si al fabricante le quedan ejemplares. En el caso de que no queden, es posible que os manden copias de las secciones que os interesen.

Según la empresa NEC, en lo que a ordenadores respecta, aconsejan no tirar el manual de usuario, pues al llamar al teléfono de atención al cliente suelen pedir que se consulte tal página o tal apartado del libro de instrucciones, porque el manejo de los ordenadores es complejo y no es fácil dar una explicación por teléfono. Pero en el caso de que hayáis extraviado (o tirado) el manual, ofrecen otras opciones como comprarlo de nuevo o pedir que os manden una copia.

3. El embalaje de los productos.

Cuando llevamos un artículo a reparar o nos mudamos, ¿es preferible meterlo en la misma caja que cuando lo compramos? Si se trata de material frágil como un ordenador nos preocupa especialmente, pero según la empresa NEC no es necesario que vaya en la misma caja. La única diferencia es que la caja está hecha a medida y encaja a la perfección pero no por ello recibirá menos impactos. Las empresas de mudanzas siempre aconsejan conservar la caja, pero con encontrar una de un tamaño similar será suficiente.

Maneras agradables de tirar objetos en general: las subastas de Internet

En general, si queréis revender una gran cantidad de objetos que ya no necesitáis, existen diversas maneras de hacerlo: preguntar a la administración local, venderlo en el rastro de la zona o en una tienda de segunda mano, abrir vuestra propia parada de objetos de ocasión en el garaje... Podéis encontrar gran cantidad de información sobre rastros y tiendas de segunda mano en las librerías o en Internet. También existen varias revistas especializadas. Descubrir la forma de obtener el mejor rendimiento de todas esas cosas no es complicado.

Pero en la actualidad el método más efectivo es Internet. Si en un buscador introducís palabras clave como «rastro», «subasta», «reciclaje», «compra-venta entre particulares», encontraréis toda clase de páginas web. Si además introducís palabras clave más concretas como «libros», «ropa infantil», «marcas», «juguetes», «coches» u «ordenadores», iréis acotando los resultados. Y, en definitiva, podréis encontrar cualquier cosa.

Maneras agradables de tirar a la basura

Si finalmente decidís tirar algo a la basura, debéis saber que hoy en día hay que separar los residuos en diferentes clases. Cada municipio se encarga de repartir los folletos explicativos, pero en ellos no suelen aparecer todos los objetos cotidianos y preguntar por la manera de tirar cada vez que nos surge una duda es un engorro.

Los materiales reciclables como las botellas de plástico, el cristal, las latas, o los periódicos son fáciles de clasificar, pero lo complicado es diferenciar entre residuos reciclables y no reciblabes. Además, los artículos que se recogen varían según el municipio, cosa que complica aún más las cosas. Por ejemplo: ¿dónde debemos tirar una bolsa de papel cuyo reverso está cubierto de plástico? ¿Y un vestido con botones y cremallera? Todos hemos tenido nuestras dudas y finalmente acabamos tirando las cosas donde mejor nos parece.

Si no tuviéramos esta clase de dudas, tirar a la basura sería más agradable. Por eso, he decidido consultar a la prefectura de Tokio, a quien la gestión de residuos trae de cabeza, qué criterios siguen.

Para separar entre basura incinerable y no incinerable, hay que tomar como ejemplo los objetos que salen en la lista y encontrar alguno que «equivalga aproximadamente». Tratándose de residuos domésticos en cantidad reducida, la planta incineradora puede hacerse cargo. Los nuevos sistemas de control de las plantas incineradoras permiten regular la temperatura para disminuir la formación de dioxinas.

Que algo «equivalga aproximadamente» es poco esclarecedor así que al pedir que precisaran, me respondieron que debemos observar el objeto en general y fijarnos en el componente principal. Los productos derivados del petróleo pueden emitir compuestos tóxicos, por lo que si os parece que un objeto contiene mucho plástico, está hecho de goma o tiene cristal, es mejor tirarlo con la basura no incinerable. En cambio, si os parece que el objeto es básicamente de papel o creéis que se puede quemar sin peligro, como las bolsas de pastelería forradas de plástico, la ropa o los pañales, podéis tirarlos con la basura incinerable.

La ropa que se tira en los hogares se clasifica como basura incinerable, pero la ropa que se produce en grandes fábricas suele llevar gran cantidad de materiales derivados del petróleo así que habrá que tirarla aparte. Los pañales actuales están compuestos en gran parte por resinas sintéticas, pero la creencia generalizada de que están hechos de papel ha llevado a la prefectura a incluirlos en la lista de basura incinerable.

Evidentemente, cada ayuntamiento tiene sus propios procedimientos. Como individuos es importante respetar las normas de cada zona. Reciclar toda la materia posible y así disminuir la cantidad de residuos de la zona es, sin duda, una necesidad urgente. Aunque, por lo visto, el mayor problema respecto a la recogida selectiva de residuos está en la eficiencia de las plantas de tratamientos de residuos y en el sistema de reciclaje de materiales.

En definitiva, lo que quiero decir es que posiblemente lo mejor sea ser flexible, como nos ha demostrado la prefectura de Tokio, no preocuparnos en exceso por la naturaleza de los problemas sobre la gestión de residuos y no rompernos la cabeza con la recogida selectiva.

La trampa del reciclaje

Por último, me gustaría reflexionar un poco sobre el peligro que puede conllevar la idea de reciclar. Si no vigilamos es posible que la voluntad de reciclar nos lleve a confiarnos y a pensar: «Total, como lo vamos a reciclar...» Si pensamos que de todas formas acabaremos pasándoselo a alguien, nos relajaremos y no nos importará comprar algo inútil ni dejar de querer algo que aún se puede usar. Acabaremos acumulando más posesiones a la ligera, llevando más cosas a reciclar, y entraremos en el círculo vicioso de volver a acumular objetos materiales.

En consecuencia, por mucho que tengáis la intención de reciclar para no desperdiciar, lo único que conseguiréis en realidad es que alguien acabe por tirar a la basura esos objetos en nuestro lugar.

En este libro, he comentado que los fabricantes se encargaban de eliminar los libros sucios o sin valor, al igual que la ropa inservible. A través de los medios de comunicación, habréis oído hablar en más de una ocasión sobre el fracaso en la recogida de materiales reciclables como las botellas de plástico, el cristal o las latas. Cada vez son menos pero aún hay personas que «donan» ropa inservible, futones cuyo relleno no sabemos cómo tirar y mantas completamente raídas.

Es posible que no podamos enfocar del mismo modo el reciclaje a nivel social que a nivel individual. Recientemente se ha publicado el libro *Kankyo ni yasashii seikatsu wo suru tame ni «risaikuru shiteha ikenai»* [Si queremos respetar el medio ambiente «no debemos reciclar»], de Kunihiko Takeda, donde se comprueba que el sistema de reciclaje de materiales (botellas de plástico, papel, entre otros) que se lleva a cabo en la actualidad, en realidad perjudica el medio ambiente. No es que esté completamente de acuerdo con el autor pero comparto que «no podemos solucionar los problemas medioambientales de forma individual», «hay que eliminar los sistemas de reciclaje ineficaces» y «dejemos de reciclar e incineremos todos los residuos».

Dejemos que sean los expertos quienes se encarguen de llevar a la práctica los mecanismos que hagan posible una sociedad de reciclaje. Lo que quiero subrayar es que «el primer paso es tirar». Tal como he comentado, a título individual la única diferencia entre «tirar a la basura» y «tirar reciclando» es básicamente sentimental.

Como individuos, es primordial que empecemos a tirar los objetos que se amontonan a nuestro alrededor y nos replanteemos nuestro estilo de vida. Quizá sea el modo de cambiar el funcionamiento del gobierno y de las empresas.

Epílogo

Me he dedicado al mundo del *marketing* desde finales de la década de los ochenta. El *marketing* consiste en estudiar la psicología y el comportamiento de los consumidores para crear productos nuevos y publicidad para las empresas. En definitiva, me he dedicado al fomento del consumo.

El final de la década de los ochenta coincidió con el período álgido de la burbuja económica. Las empresas distribuidoras crecieron rápidamente y las marcas no paraban de lanzar productos nuevos. Entrados los años noventa y con la recesión económica, las marcas se empeñaban en rebuscar las necesidades ocultas de los consumidores, por lo que algunas empresas buscaban lucrarse con los negocios medioambientales.

Durante este período en que las empresas dedicaban todos los esfuerzos a hacernos comprar sus productos, ¿acaso no habíamos dejado de consumir? Sinceramente, creo que las ansias de comprar no disminuyeron, pero sí que había menos objetos que deseábamos tener a nuestro alrededor. Todos teníamos prácticamente de todo y, en mi opinión, creo que en aquel momento se produjo un cambio en nuestra forma de relacionarnos con los objetos.

Respecto a nuestro modo de vivir también se está produciendo actualmente un cambio. Las casas y los objetos que llenan nuestra vida están pensados para ser confortables. Pero me pregunto cuánta gente vivirá a gusto en su hogar. Las casas están abarrotadas de objetos y apenas hay sitio donde acomodarse. Pero nuestro interés por el interiorismo y el deseo de un nuevo estado de confort crece.

No es que haya tenido una clara motivación, sino que esta clase de reflexiones me han llevado hasta el presente libro. En él no he tratado de fenómenos sociales concretos ni he incluido estudios estadísticos, sino que a mi manera he ideado y fundamentado «el arte de tirar».

Junto a la editora del presente libro, Kayano Nemura, hemos pensado en varios proyectos durante largo tiempo. Tras contarle mi idea a Kayano, el proyecto se hizo realidad rápidamente. Trabajar junto a una persona eficiente en un proyecto común hace que las cosas vayan rodadas. Ha sido una grata experiencia que nos ha llevado a publicar este libro. También agradezco de todo corazón a la editorial Takarajimasha por apresurarse a darnos su visto bueno y publicar el libro.

Sobre la autora

Nagisa Tatsumi nació en 1965 y es una estudiosa de la psicología del consumo. Con *El arte de tirar*, publicado en Japón en el año 2000, se convirtió en gurú de una nueva filosofía de vida en la época de la sobreabundancia. Posteriormente, siguió fomentando un método para vivir felices en la riqueza.

Entre otros, es autora también de *«iKurasu!» gijutsu* [El arte de vivir], *Mo ichido «suteru!» gijutsu* [El arte de tirar una vez más], *Naze yasu apato ni sunde Porushe ni noru no ka* [¿Por qué vives en un apartamento barato pero conduces un Porsche?], *Nihonjin no shinsaho* [El nuevo método japonés de trabajo], *Kodomo wo nobasu mainichi no ruru* [Las reglas de todos los días para criar a los hijos], *«Suteru!» saho* [El método para tirar].

Glosario

Akihabara: barrio de Tokio situado en la circunscripción de Chiyoda, famoso sobre todo por la gran concentración de establecimientos que venden toda clase de aparatos electrónicos, *anime*, videojuegos y artículos para adultos. Es, sin duda, la zona más extensa del mundo de venta de productos electrónicos y ordenadores, tanto nuevos como de segunda mano.

Burbuja económica: período de la economía japonesa que va de 1986 a 1992, caracterizada por un crecimiento que doblaba la media occidental y por una conquista de la supremacía en todos los sectores punta de la industria, hasta alcanzar una renta por cápita superior a la de Estados Unidos. Se tuvo la impresión de que Japón se había convertido en el número uno mundial.

Postales de Año Nuevo (en japonés, *nengajo*): postales de felicitación de Año Nuevo que se envían a todos los conocidos, ya sean amigos, parientes o colegas a quienes por los motivos que sea no se puede felicitar en persona. En las oficinas de correos se venden *nengajo* ya franqueadas con frases de felicitación e imágenes genéricas –relacionadas, en muchos casos, con el signo del zodiaco chino correspondiente al nuevo año– o bien postales en blanco en las que cada cual puede escribir lo que desee. Siempre que se envíen dentro de un plazo establecido y se estampe en ellas el marbete *nengajo*, se garantiza que los destinatarios las recibirán antes del 1 de enero. En la parte inferior llevan impresos los números asociados a una lotería, cuyos resultados se publican a finales de enero.

Edo: período histórico que va de 1603 a 1868.

Fukubukuro: literalmente, «bolsas de la suerte». Se trata de una de las muchas costumbres japonesas de Año Nuevo: son misteriosas bolsas que se ponen a la venta el 1 de enero y que contienen productos sorpresa cuyo valor supera bastante el del precio de venta de la bolsa. Esta tradición la introdujeron en 1907 los grandes almacenes Matsuya de Ginza y, desde entonces, se ha extendido a todos los establecimientos: no es extraño que sean muchas las personas que empiezan a hacer cola varios días antes del 1 de enero para hacerse con las mejores *fukubukuro*.

Futón: colchón enrollable que se extiende directamente sobre el suelo para dormir y se guarda en el armario después de usarlo.

Hachiko: estatua de bronce situada en la plaza que está frente a la estación de Shibuya, en Tokio. Representa al perro del mismo nombre, de raza Akita, que conmovió al país entero por la extraordinaria devoción que demostró hacia su amo, a quien esperaba todos los días ante la estación incluso después de que éste hubiera muerto. Es un punto habitual de encuentro.

Harikuyo: podría traducirse como «tributo a las agujas rotas». Se trata de un ritual sintoísta que se celebra cada 8 de febrero y se dedica a las agujas rotas o viejas, para darles las gracias por los servicios prestados y ahuyentar las preocupaciones y disgustos que, según la tradición, se transfieren a las agujas durante las largas horas dedicadas a la costura. Las agujas se clavan en cojines o bloques de tofu y después se llevan al templo, donde se purifican mediante una serie de ceremonias. El Harikuyo pone fin a las fiestas del Año Nuevo japonés y es tradición que en ese día no se realicen tareas domésticas.

Kanmen: término genérico para definir varios tipos de fideos secos japoneses.

Kasumigaseki: barrio situado en la circunscripción de Chiyoda, en Tokio. Está considerado el centro administrativo de la capital japonesa. Es la sede de diversos edificios gubernamentales e institucionales, entre ellos el Ministerio de Asuntos Interiores y Comunicaciones, que se ocupa, entre otras cosas, de publicar las estadísticas oficiales.

Manga: cómics japoneses.

Miso: condimento japonés de sabor fuerte y salado, derivado de la soja amarilla, al cual se añaden a menudo otros cereales, como cebada, arroz, centeno, trigo sarraceno o mijo. Las semillas de soja se cuecen después de haber estado en remojo y se inoculan con una especie particular de hongo que separa el almidón de los cereales y lo convierte en azúcares simples. En el procedimiento tradicional, se lleva a cabo una larga fermentación en agua salada, que dura de doce a veinticuatro meses. En la producción industrial, en cambio, la fermentación se reduce a unas pocas horas, lo cual hace necesaria la pasteurización. Para estabilizar el compuesto, además, es frecuente tener que añadir aditivos.

Nagoya: capital de la prefectura de Aiti, dotada de un puerto a orillas del océano Pacífico. Es la cuarta ciudad más grande de Japón, pero la tercera en el plano económico.

NEC: acrónimo de Nippon Electric Company, una multinacional de la tecnología con sede en Tokio, en el distrito de Minato. Se dedica a las soluciones informáticas y soluciones de red para empresas comerciales. La fundaron Kunihiko Iwadare y Takeshiro Maeda el 31 de agosto de 1898.

Shibuya: una de las veintitrés circunscripciones de Tokio, punto neurálgico de la ciudad, célebre por su transitado paso de peatones. Es una zona muy dinámica y siempre abarrotada de gente, iluminada por gigantescas pantallas y famosa por su gran variedad de negocios (sobre todo de ropa y de música), restaurantes y «hoteles del amor».

Suginami: una de las veintitrés circunscripciones de Tokio, situada en la parte occidental de la metrópolis. Limita al este con Shibuya y Nakano, al norte con Nerima, al sur con Setagaya y al oeste con Mitaka y Musashino.

Taisho: período histórico que va de 1912 a 1926.

Takarajimasha: editorial fundada en 1971, con sede en Chiyoda, Tokio. Es la editorial que ha publicado este libro en Japón.

Tatami: suelo tradicional japonés, formado por esterillas de paja de arroz prensada, recubiertas de junco y decoradas con un borde negro de lino o algodón. Cada panel mide 90 x 180 y sirve como unidad de medida para calcular las dimensiones de una estancia.

Tsukumogami: era el nombre de un recipiente para guardar té que en 1568 utilizó supuestamente Matsunaga Hisahide para negociar la paz con el representante del clan rival, Oda Nobunaga. El término se usa hoy en día para referirse a objetos de uso doméstico que, tras una vida de servicio de casi cien años, reciben un alma. En la actualidad, los *tsukumogami* se consideran inofensivos, aunque pueden vengarse si alguien los tira por considerar que ya no sirven para nada. En ese sentido, algunos templos sintoístas celebran rituales para consolar a los objetos rotos que ya no se pueden utilizar.

Tsuyu: condimento a base de *dashi*, azúcar, salsa de soja y sake que se usa para acompañar algunos platos.

Ubasute: término que hace referencia a una antigua leyenda según la cual los campesinos pobres subían a cuestas a las ancianas o a los parientes enfermos a la montaña, donde los abandonaban para que murieran.

Yumenoshima: isla artificial situada en la bahía de Tokio. Fue creada en 1939 para construir un aeropuerto, proyecto que se abandonó al cabo de unos años. Entre 1957 y 1967 fue utilizado como vertedero. En 1978 se creó el parque de Yumenoshima (literalmente, «isla de los sueños»).

Zarusoba: típico plato japonés de verano, que consiste en *soba* (espaguetis de trigo sarraceno) fríos que se acompañan de salsa *tsuyu* y otros ingredientes.

Esta segunda edición de *El arte de tirar* de Nagisa Tatsumi se terminó de imprimir en *Grafica Veneta S.p.A. di Trebaseleghe* (PD) de Italia en marzo de 2019. Para la composición del texto se ha utilizado la tipografía Omnes.

PEFC

PEFC/18-31-226

Este libro está impreso con el sol. La energía que ha hecho posible su impresión procede exclusivamente de paneles solares. *Grafica Veneta* es la primera imprenta en el mundo que no utiliza carbón.

LA NUEVA COLECCIÓN *DUOMO SAKURA* TE ENSEÑA A DISFRUTAR DE UNA VIDA RICA Y FELIZ

FELICES SIN UN FERRARI

«Un libro inteligente y provocador.»
Elle.it

MANUAL DE LIMPIEZA DE UN MONJE BUDISTA

«No solo nos parecerá divertido limpiar y barrer sino que todo adquirirá un significado nuevo.»
CORRIERE DELLA SERA

MANUAL DE UN MONJE BUDISTA PARA LIBERARSE DEL RUIDO DEL MUNDO

«Las palabras de Keisuke Matsumoto deslumbran. Será por la calma zen que transmiten sus páginas o por su brillante lenguaje.» *MARIE CLAIRE*